DAS HANDBUCH DER SCHRIFTEN

JOSE M. PARRAMON

EDITION
MICHAEL FISCHER

Titel der Originalausgabe: „Así se dibujan letras, rótulos, logotipos".
Aus dem Französischen übertragen von Christa L. Cordes
Einbandgestaltung: Juan Santandreu

6. Auflage 1990
Alle Rechte der deutschsprachigen Ausgabe bei
Edition Michael Fischer, Stuttgart
© 1970 by José M. Parramón Vilasaló, Barcelona
Herstellung und Satz: Verlagsservice Henninger, Würzburg
Printed in Spain
ISBN 3-924433-12-7

Printed in Spain by Indice

Legal Deposit: B-26.380-90

Inhaltsverzeichnis

Der Beruf des Grafikers hat sich verändert 9

Der Ursprung der unterschiedlichen Schriften 11

Die grafische Geschichte der Schriften 13

Der Stammbaum der Schrift 21

Das römische Alphabet an der Trajansäule 22

Die Anatomie der Älteren Antiqua 25

Römische Kleinbuchstaben? 35

Vergleichende Studie der gebräuchlichen Schriften 37

Die Schrift als Kommunikationsmittel 47

Die Logotype 53

Der Entwicklungsprozeß einer Logotype 56

Die heutige Praxis der Anfertigung von Schriftzügen 59

Wie man Titel zeichnet 66

Katalog der Schriften 68

Danksagung

Ich möchte meinen herzlichen Dank allen Grafikern aussprechen, die mir mit ihren Ratschlägen und besonders mit ihren Illustrationen geholfen haben, dieses Werk zu bereichern: Armand Domenech, Enric Huguet, R. Giralt Miracle, José Pla Narbona, Juan Pedragosa und Juan Santandreu. Ich danke ebenfalls folgenden Firmen und Buchstabengießereien, die mir mit Rat und Hilfe zur Seite standen: American Typefounders, Amsterdam Continental, Bauer, Berthold, Stephenson Blake, Deberny & Peignot, ETF, HAAS, Nebiolo, Neufville S.A., Olive, VGC sowie Letraset Instant Lettering.

Der Beruf des Grafikers hat sich verändert

„Der Beruf ist auch nicht mehr das, was er einmal war", sagte kürzlich ein Grafiker zu mir. Er hatte noch die Zeit miterlebt, als Buchstaben gezeichnet wurden. „Buchstaben zeichnet man nicht mehr. Man klebt sie auf oder reibt sie mit Hilfe eines besonderen Übertragungssystems an — wenn man nicht gleich auf die Druck- oder Fotosatztechnik zurückgreift. Den Buchstabenzeichner von vor 30 Jahren gibt es nicht mehr. Vom Grafiker erwartet man heute, daß er ein Druckfachmann ist."

Vor 30 Jahren erarbeitete der verantwortliche Werbefachmann den Entwurf einer Anzeige, einer Broschüre, eines Plakates etc. und überließ die Reinzeichnung anschließend einem Spezialisten, der den ganzen Tag nichts anderes tat, als Buchstaben zu zeichnen und anzuordnen. Mit anderen Worten, der ausführende Zeichner berechnete die Länge der Titelzeile und stellte sie anschließend Buchstabe für Buchstabe von Hand zusammen. Dabei ahmte er die Buchstaben der Druckereien perfekt nach. Manchmal brachte der Grafiker auch leichte Abwandlungen an einem Buchstaben an, um dem Titel mehr Originalität zu verleihen. In solch einem Fall konnte die Ästhetik schon einmal gegenüber der Lesbarkeit den Vorzug erhalten. „Man war stolz auf seine gezeichneten Buchstaben. Erinnerst du dich? Wir zeichneten alle Titel und die meisten Untertitel mit der Hand."

Gewiß erinnere ich mich. Das war so, bis der Imperativ der Produktivität: „Ein Minimum an Anstrengung für ein Maximum an Erfolg" auch die Werbeagenturen und die Zeichenateliers eroberte. Von da ab hieß es: „Weshalb die Titel mit der Hand zeichnen, wenn man sie aus Druckbuchstaben zusammensetzen und damit Zeit, Mühe und Geld sparen kann? Außerdem sind sie dank der unterschiedlichen Schriftgrade und Stärken, die von den Herstellern angeboten werden, sogar noch besser lesbar."

Schon bald darauf machten die Werbefachleute ihre Ansprüche geltend. Das war das Ende der gezeichneten Buchstaben, der von Hand geschriebene Titel und der falsch verstandenen Kreativität. Zunächst setzten sich die Monotype und der perfekt hergestellte Barythabzug durch; dann tauchten der Fotosatz und beinahe gleichzeitig die Anreibebuchstaben auf. Letztere bieten eine breite Skala ständig erweiterter Schriftarten, deren äußerst leichte Handhabung den jüngsten Auszubildenden eines Zeichenateliers in einen qualifizierten Zeichner verwandelt.

Doch wenn es auch einfach geworden ist, einen Titel mit Anreibebuchstaben zusammenzusetzen, so sind der Beruf des Grafikers und seine Kunst doch wesentlich komplexer — vor allem heutzutage. Der qualifizierte Zeichner, der Grafiker unserer Tage, sollte alle Geheimnisse der modernen Typografie beherrschen und rund 30 unterschiedliche Schriftarten und ihre Varianten in Graden und Stärken im Kopf haben. Er muß nach reiflicher Überlegung Versalien und Kleinbuchstaben richtig einsetzen und die Ausdruckskraft eines Gemein- und eines Kursivbuchstabens beurteilen; er muß magere, halbfette und fette Schriftzeichen kennen und in der Lage sein, die Antiqua und die Groteskschrift auseinanderzuhalten, und die Baskerville antik — ein Buchstabe von großer Schönheit und seltener Eleganz — von einer gewöhnlichen Baskerville zu unterscheiden.

Der Grafiker von heute entwirft nicht nur, er führt sein Vorhaben auch selbst aus. Er berechnet, umbricht Texte, Schilder, Titel und Buchstabenfolgen. Man fordert von ihm Kreativität. Er muß imstande sein, mit Hilfe seiner typografischen Kenntnisse einen ziemlich originellen Buchstaben zu schaffen, der den Namen eines Unternehmens, einer Marke oder eines Produktes persönlicher gestaltet. Zu seinen Aufgaben gehören der Entwurf und die Ausführung einer Logotype.

Das vorliegende Werk bietet die Möglichkeit, die unterschiedlichen Schriftbilder der Buchstaben kennenzulernen und ihre Anatomie zu studieren. Ich glaube, es stellt das Thema in angenehmer, gut dokumentierter Form dar. Im Anhang finden Sie darüber hinaus eine Auswahl von 76 nach Gruppen geordneten Schriftarten.

„Ein unverzichtbares Werk, das bis heute gefehlt hat", behauptet mein Freund, der Grafiker.

1. Der Ursprung der unterschiedlichen

Buchstabenarten

Dieser Buchstabe  und dieser weitere Buchstabe und dieses und auch dieses oder diese und schließlich dieses, alle diese und die weiteren, die Sie vielleicht noch kennen — selbst solch eines: , seien es Großbuchstaben oder Kleinbuchstaben, magere, halbfette oder fette, gemeine oder kursive: alle stammen ab vom Buchstaben

A

Der Buchstabe A der klassischen römischen Steinschrift, der Capitalis monumentalis, nach einer Inschrift am Sockel der Trajansäule in Rom (Ende des ersten Jahrhunderts).

Der Vollständigkeit halber sei jedoch darauf hingewiesen, daß auch die früheren Römer, ihre Vorgänger, die Griechen, die Ägypter, die Phönizier, die Assyrer und zweifellos auch die Menschen der Vorzeit bereits eine Möglichkeit besaßen, in schriftlicher Form miteinander in Verbindung zu treten. Das westliche Alphabet, wie wir es heute kennen, taucht jedoch nicht vor dem Römischen Imperium auf. Diese römischen Buchstaben liegen allen seitdem erfaßten Schriften des Abendlandes zugrunde.

Erlauben Sie mir, Ihnen das anhand von Abbildungen näher zu erläutern:

OUTLINE
Palatino
Palatino
Palatino
SANS SERIF
THORNE
Bodoni Ultra
Caslon Old Style
Caslon Old Style
Clarendon
Clarendon

Cooper Black
Cooper Black
ABDEFM
News
News
News
News Lightline
News
Bookman
AyM&Rs
Bookman
New Caslon
Cheltenham
Cheltenham
Cheltenham
Cheltenham
Bauer Bodoni
Bauer Bodoni
Bauer Bodoni
BODONI
Horizon
Horizon
Horizon

Century Expanded
Century Exp.
Columbia
Franklin
Franklin
Franklin
Franklin
Franklin
Grotesque No. 9
Grotesque No. 9
Méridien
Méridien
Méridien
Trump
Trump
Weiss

Die grafische Geschichte der Buchstaben

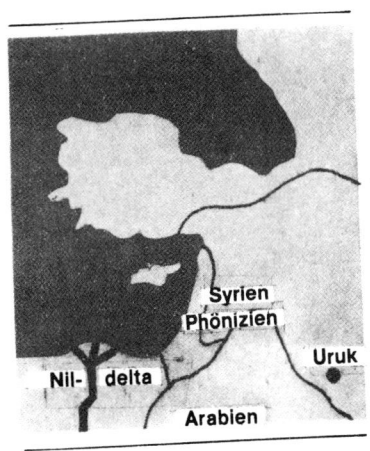

Vorgeschichte

Das Ideogramm: 6000 vor Christus

Die semitische Schrift: 4000–3000 vor Christus

Man kann davon ausgehen, daß es die Schrift als Kommunikationsmittel gibt, seit der Mensch über Werkzeuge und Material verfügt, mit dem sich zeichnen, malen und gravieren läßt. Schon in vorhistorischer Zeit vor 40 000 Jahren hat der Mensch in Höhlen Jagd- und Kriegsszenen, Darstellungen aus dem Geschlechtsleben sowie Symbole für das Leben und den Tod festgehalten. Er benutzte dafür Striche oder schematisierte Farbflecken, die sich mit Zeichen oder Markierungen vergleichen lassen und somit das erste schriftliche Kommunikationssystem darstellen. Man bezeichnet diese als Ideogramme.

Bereits während der neolithischen Umwälzung 6000 v. Chr. gibt der Mensch sein Nomadenleben auf. Er wird seßhaft und beginnt sich an bestimmten Orten anzusiedeln. Er lernt den Boden zu bestellen, und erfindet das Rad. Er baut sich ein Haus und lebt in der Gemeinschaft. Zu diesem Zeitpunkt tauchen die Spuren einer Schrift in Form von Ideogrammen oder primitiven Bildzeichen auf, die auf Wege und bestimmte Gefahren hinweisen, Gruppenzugehörigkeit bezeugen oder an ein Ereignis erinnern. Man bezeichnet manchmal die Stadt Jericho in Israel als Zentrum dieser Entwicklung. Andere Quellen nennen die Ortschaft Jarmo in dem gebirgigen Teil Nordmesopotamiens als Ursprung.

Zu Beginn der Geschichte vor mehr als 5000 Jahren entwickelt sich die semitische Rasse, die eine gemeinsame Sprache spricht und gemeinsame physiologische Merkmale besitzt. Sie stammt ursprünglich aus Arabien, Phönizien und Syrien und trägt ihre Kultur bis nach Ägypten. Dort setzt sie sich im Nildelta und in dem Gebiet von Uruk im unteren Mesopotamien fest. Die Semiten besitzen einen ausgeprägten Organisationssinn: Sie entwickeln zum erstenmal eine lebensfähige Schrift: die Piktografie.

13

Die Piktografie:
4000—3000 vor Christus

Die Weiterentwicklung der Piktografie: 3000 vor Christus

Die Hieroglyphen in Ägypten:
3000—2500 vor Christus

Die Piktografie gründet sich auf Bildzeichen aus Gestalten oder Gegenständen, die aneinandergereiht werden und eine Geschichte erzählen. Die Piktogramme sind also eine Schrift ohne Worte. Das Phonem spielt noch keine Rolle.

In Ägypten und Mesopotamien entwickelt sich die Piktografie weiter. Das Schriftsystem wird durch die Verbindung von Schlüsselzeichen und Zeichnungen bereichert, die die Wiedergabe eines erweiterten Vokabulars ermöglichen. Die Piktogramme verwandeln sich auf diese Weise in rebusartige Bildzeichen. Von da ab wird der Klang — das heißt also das Phonem — jeder Silbe oder jedes Wortes an ein Bild gebunden, um einen Gegenstand zu bezeichnen und ihm einen Sinn zu verleihen. Zum besseren Verständnis dieses Schriftsystems hier ein an die deutsche Sprache angepaßtes Beispiel: **Die Zeichen für Ei und für Fell ergeben bei phonetischer Lesung den Begriff Eifel.**

Ungefähr 3000 Jahre v. Chr. entstehen in Ägypten die Hieroglyphen. In dieser Schrift wird jeder Laut oder jedes Phonem mit Hilfe einer oder mehrerer Zeichnungen wiedergegeben. Das ist ein wesentlicher Schritt in Richtung auf ein Alphabet. Die Hieroglyphen wurden 1822 von dem französischen Ägyptologen Champollion entschlüsselt.

Die hieratische und die demotische Schrift: 1500 vor Christus

Die Hieroglyphen haben in Ägypten ihre absolute Vollkommenheit erreicht: Die Zeichen erhalten einen phonetischen Wert, der unabhängig vom dargestellten Bild ist. Da man dringend eine raschere Schreibmöglichkeit benötigt, entstehen nun stilisiertere Zeichen und Verbindungen von immer abstrakterer Form, die man schon mit einer sich auf das Alphabet stützenden kalligraphischen Schrift vergleichen kann.

Die Keilschrift Mesopotamiens: 2500 vor Christus

Die Sumerer im unteren Mesopotamien übernehmen die Hieroglyphen von den Ägyptern. Sie benutzen als Werkzeug eine Art Rohrfeder mit angespitztem Ende und schreiben oder besser gravieren ihre Zeichen in Tafeln aus weichem Ton, der anschließend gebrannt wird. Im Laufe der Jahrhunderte entwickeln sich aus den Zeichnungen geometrische Striche, die keine unmittelbare Verbindung mehr zu dem ursprünglichen Bild haben. Die in den Ton mit der Rohrfeder gedrückten Striche nehmen eine dreieckige Form (die Nägel) oder die Form von Eisenlanzen (die Keile) an. Daher stammt die Bezeichnung „Keilschrift". Die Keilschrift ersetzt die Bildzeichen, von denen es rund fünfhundert gab, durch Zeichen für Phoneme und tut damit den entscheidenden Schritt zum Alphabet.

Das erste Alphabet nach Silben: Phönizien 1300–1000 vor Christus

Dies ist ein wichtiger Schritt in der Geschichte der Menschheit: Die Phöniker, die unmittelbar am Meer leben, beziehen alle ihre Lebensquellen aus der See. Der Seehandel ermöglicht es ihnen, ihre Kultur über den gesamten Mittelmeerraum von Zypern über Griechenland und Italien bis nach Spanien zu verbreiten. Die Phöniker entwickeln etwa um 1200 v. Chr. das erste phonetische Alphabet. Es umfaßt 22 Zeichen oder Buchstaben (ausschließlich Konsonanten). Die Vokale werden nicht dargestellt, sondern nur gesprochen. Jede Silbe erhält ein gesondertes Zeichen. Deshalb bezeichnet man dieses erste Alphabet als „Silbenalphabet". Die Wörter werden durch Punkte voneinander getrennt. Man liest von rechts nach links.

  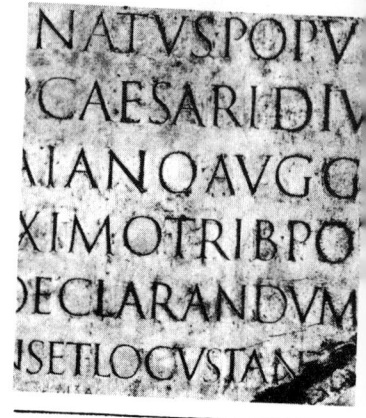

Erstes vollständiges Alphabet: Griechenland 1000 vor Christus

Das klassische griechische Alphabet: 400 vor Christus

Das klassische lateinische Alphabet (Capitalis monumentalis) 40–20 vor Christus

Jetzt haben wir bereits die Zeit der Klangzeichen erreicht, also die Buchstaben. Die Griechen lernen das phönikische Alphabet vermutlich durch die Vermittlung semitischer Händler kennen. Sie vervollkommnen das System und entwickeln daraus ein Alphabet, das sich aus Vokalen und Konsonanten zusammensetzt und von links nach rechts geschrieben wird. Die griechischen Kolonisten bringen dieses Alphabet nach Italien, wo es von den Etruskern übernommen wird.

In der griechischen Antike gab es innerhalb von tausend Jahren vier Alphabete: das antike, das orientalische, das westliche und das klassische Alphabet. Das letztere ist oben abgebildet. Es entspricht der Schriftform der griechischen Sprache, wie sie heute an allen Schulen und Universitäten der Welt gelehrt wird.

Im Rom unserer Tage steht noch immer die Gedächtnissäule, die von Kaiser Trajan errichtet wurde. Sie trägt unten eine in den Marmor gemeißelte Inschrift. Die Buchstaben sind von außerordentlicher Schönheit und Klarheit und gelten als Prototypen für die gesamte westliche Typografie. Später entwickelt sich eine zusätzliche Fassung des Alphabets in Kleinbuchstaben. Man schafft auch einen Kursivbuchstaben, der sich schneller schreiben läßt.

16

Die Rustika und die Kursive: 1.–4. Jahrhundert

Die harmonischen Proportionen des römischen Alphabets bieten sich hervorragend für Inschriften in Stein und an Denkmälern an. Das Schreiben der Buchstaben ist jedoch etwas umständlich. Deshalb eignet sich die Schrift kaum für die Abfassung gewöhnlicher Texte. Zu diesem Zweck wird die Rustika entwickelt. Sie beruht zwar auf dem klassischen römischen Alphabet, ist jedoch einfacher in der Ausführung. Kurz darauf taucht dann auch eine Kursivschrift auf, die sich insbesondere für handschriftliche Mitteilungen anbietet.

Die Unziale: 4.–12. Jahrhundert

Nach dem Zerfall des Römischen Imperiums taucht die Unziale (das merowingische Alphabet) auf. Sie besteht ausschließlich aus Großbuchstaben. Später kommt ein Alphabet mit Kleinbuchstaben hinzu, das bis zum 13. Jahrhundert in Gebrauch bleibt.

Der karolingische Minuskel: 8.–12. Jahrhundert

Hierbei handelt es sich um runde Kleinbuchstaben, die von den Pädagogen Karls des Großen entwickelt werden und sich rasch im ganzen mittelalterlichen Europa verbreiten. Man schreibt sie dem Schriftsteller Meister Alcuino von York zu. Ihr Erfolg gründet sich zum einen auf den Einfluß der kulturellen karolingischen Renaissance und zum anderen auf die hervorragende Eignung der angepaßten Großbuchstaben dieses Alphabets als Initialen zu Beginn eines Textes.

17

abcdefghi
klmnopqr
zsftuvxyz

abcdefghi
jklmnopq
rstuvxyz

A B C D E F G
H I K L M N
O P Q R
S T U V
W Y X Z

**Die gotische Schrift:
8. Jahrhundert**

**Die humanistische
Schrift: 1450**

**Die mittelalterliche
Antiqua oder Mediäval:
Nicolas Jenson, 1450**

Der gotische Minuskel entsteht im Mittelalter um das 8. Jahrhundert. Das Alphabet entwickelt sich rasch weiter zur sogenannten gotischen Schrift und ihren Nachfolgern, der Schwabacher und der Fraktur. Sie verbreitet sich außerordentlich schnell. Auch Gutenberg benutzt diesen Buchstaben und sorgt für dessen Verbreitung im gesamten Westen. Besondere Beachtung findet die Schrift in Deutschland, wo man sie bis heute für bestimmte Publikationen verwendet.

Das Europa des 15. Jahrhunderts ist gekennzeichnet durch eine Rückbesinnung des Menschen auf die Antike. Die Renaissance ist nicht mehr fern. Mitten in dieser sogenannten humanistischen Bewegung, während Gutenberg die Druckmaschine mit beweglichen Lettern erfindet, entsteht in Italien eine Buchstabenart, die sich von der römischen Schrift ableitet und gleichzeitig von der Fraktur beeinflußt ist: die humanistische Schrift. Ab 1450 druckt man unterschiedslos in Fraktur und in humanistischer Schrift.

Hierbei handelt es sich um die beinahe heute noch gültige Antiqua, die Nicolas Jenson nach der Inschrift an der Trajansäule in Rom zeichnete. Jenson wird als erster Graveur nach Schöffer (zunächst Schüler, später Mitarbeiter Gutenbergs) bezeichnet. Die Zeichnung des Alphabets entsteht unter dem Einfluß humanistischer Strömungen des antiken Griechenlands und Roms in Venedig.

18

Kursivbuchstaben:
Aldus Manuzio,
1501

Die Renaissance-
Antiqua
Garamond, 1544

Die Schreibschrift:
Firmin Didot, 1800

Der Name des venezianischen Druckers und Buchstabenzeichners Aldus Manuzio hat in der Geschichte der grafischen Kunst wegen der hervorragenden Qualität seiner klassischen griechischen und lateinischen Buchstaben Berühmtheit erlangt. Im Jahre 1501 veröffentlicht Manuzio eine Ausgabe von Vergil und erfindet dazu – nach seinen Worten, um Platz zu sparen – einen Buchstaben mit der Bezeichnung Antiqua kursiv. Manuzio läßt sich bei diesen Buchstaben von der „zittrigen Schrift" Petrarcas inspirieren.

Seit der Renaissance und der Mediäval von Nicolas Jenson erscheinen mehrere Versionen der Antiqua, die alle von den klassischen Zeichen an der Trajansäule inspiriert werden. Die erste Version stammt von Bembo (1495); die berühmteste wird jedoch 1544 von dem Franzosen Garamond gezeichnet. Es folgen die nicht weniger bekannten Schöpfungen der Engländer Caslon (1720) und Baskerville (1757), des Franzosen Didot (1775) und des Italieners Bodoni (1780). Ihr damaliger und heutiger Erfolg erklärt sich aus der klassischer Schönheit dieser Buchstaben. Die Times (1932) und die Antiqua Sabon (1967) sind ebenfalls Nachfolger des römischen Buchstabens.

Die sogenannte Schreibschrift, die die Vollkommenheit eines manuellen kalligraphischen Buchstabens besitzt, wird in England erstmals unter der Regentschaft von Georg IV. benutzt und in Frankreich von dem Buchstabengießer Firmin Didot gegossen.

Die serifenbetonte Linear- Antiqua: 1815

Die Reihe der Groteskschriften: 1925

Sind das schon alle?

Prototyp dieser Reihe ist zweifellos die Schriftart „Epoque", die 1815 geschaffen wurde. Sie unterscheidet sich von den anderen durch rechteckige Serifen. Zur Familie der serifenbetonten Linear-Anitqua gehören vor allem die Egyptienne, die Clarendon und die Volta.

Hierbei handelt es sich um Blockbuchstaben ohne Verzierungen oder Serifen. Ihre Struktur war ursprünglich von der Zeichnung des klassischen griechischen Alphabets inspiriert. Die repräsentativste Groteskschrift ist die Futura, die 1925 von Paul Renner entwickelt wurde. Weitere Schriften folgten diesem berühmt gewordenen Modell: Venus, Haas, Akzidenz, Helvetica, Univers.

Praktisch ja. Wir haben nur eine Reihe von Schriftarten weggelassen, die eine sehr große Ähnlichkeit mit bereits genannten aufweisen, sowie Schmuckalphabete und Fantasiebuchstaben, auf die wir im Laufe dieses Buches ohnehin noch zurückkommen werden. Außerdem haben wir die Alphabete und Schriften anderer Kulturen wie die chinesische, die indische, die kyrillische etc. unberücksichtigt gelassen.

Akzident
Akzident
Akzident
Akzident

MICROGRAMMA
MICROGRAMMA
MICROGRAMMA
MICROGRAMMA
Peignot
Peignot
RAILROAD
Caslon 540
Caslon 540
CASLON
Century
Melior
Melior
Melior

20

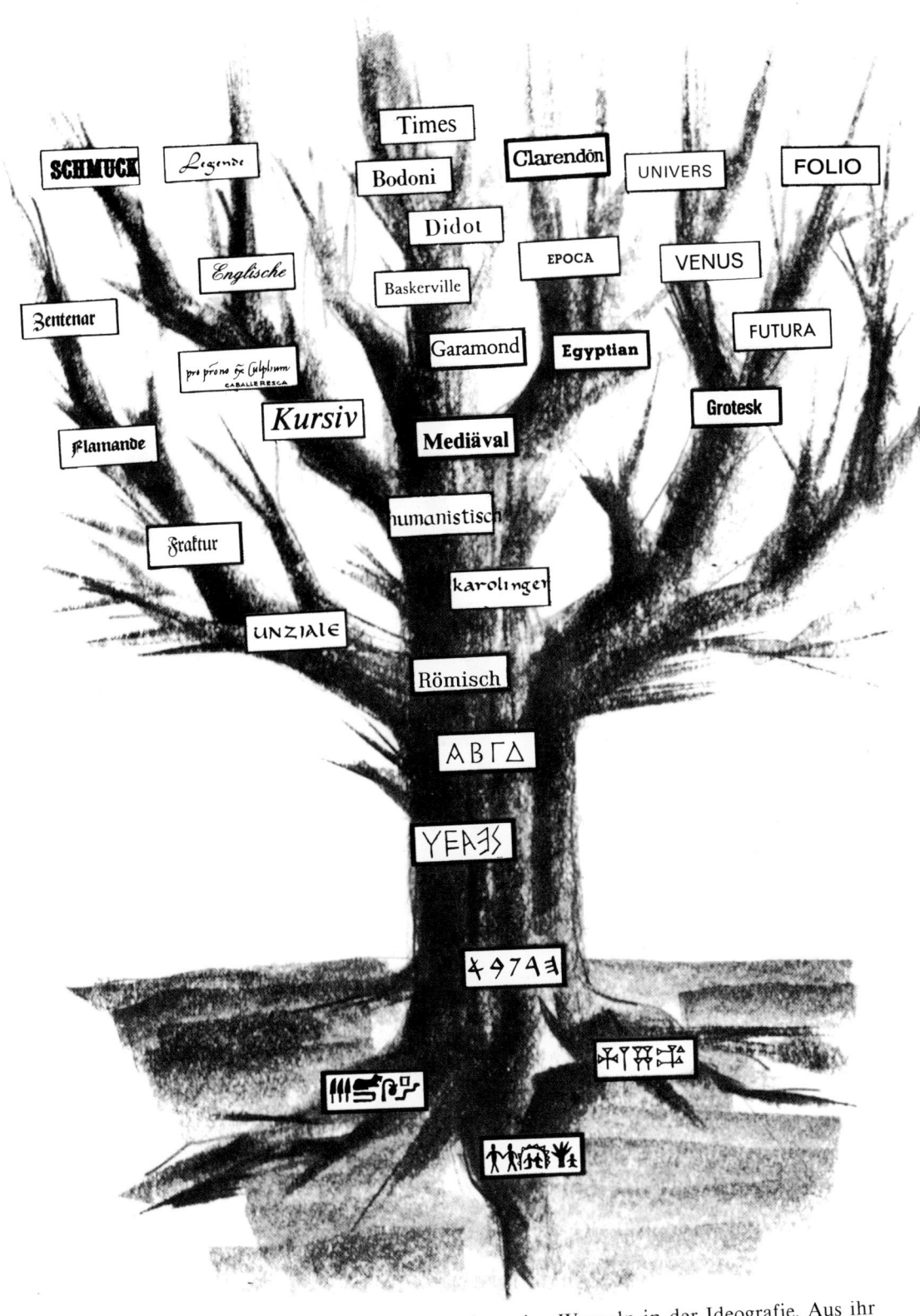

Dies ist eine Art Stammbaum der Schrift. Er hat seine Wurzeln in der Ideografie. Aus ihr gehen die ägyptischen Hieroglyphen und die Keilschrift der Sumerer hervor, die zur Grundlage des ersten bekannt gewordenen Alphabets führen, das phönikischen Ursprungs ist. Es folgen das Alphabet der Griechen und Römer, die gotische und die karolingische Schrift. Schließlich erreichen wir die Ältere Antiqua, die sich auf die antike Inschrift an der Trajansäule gründet. Diese führt uns zur Typografie mit den Schriftfamilien der Antiqua, Egyptienne und Grotesk.

A B C

D E F

G H I

J K L

Das heutige westliche Alphabet hat seinen Ursprung in den in Stein gemeißelten Buchstaben am Sockel der Gedenksäule Kaiser Trajans in Rom. Das Schriftbild dieses Alphabets ist ebenso funktionell wie ästhetisch vollkommen. Es bildet die Grundlage

M N O

P Q R S

T U V

X Y Z

für alle Alphabete und Buchstabenarten, auch für die englische kalligraphische Schrift, die unmittelbar vom römischen Kursiv inspiriert wurde. Hier die Interpretation des Alphabets des Grafikers Santandreu.

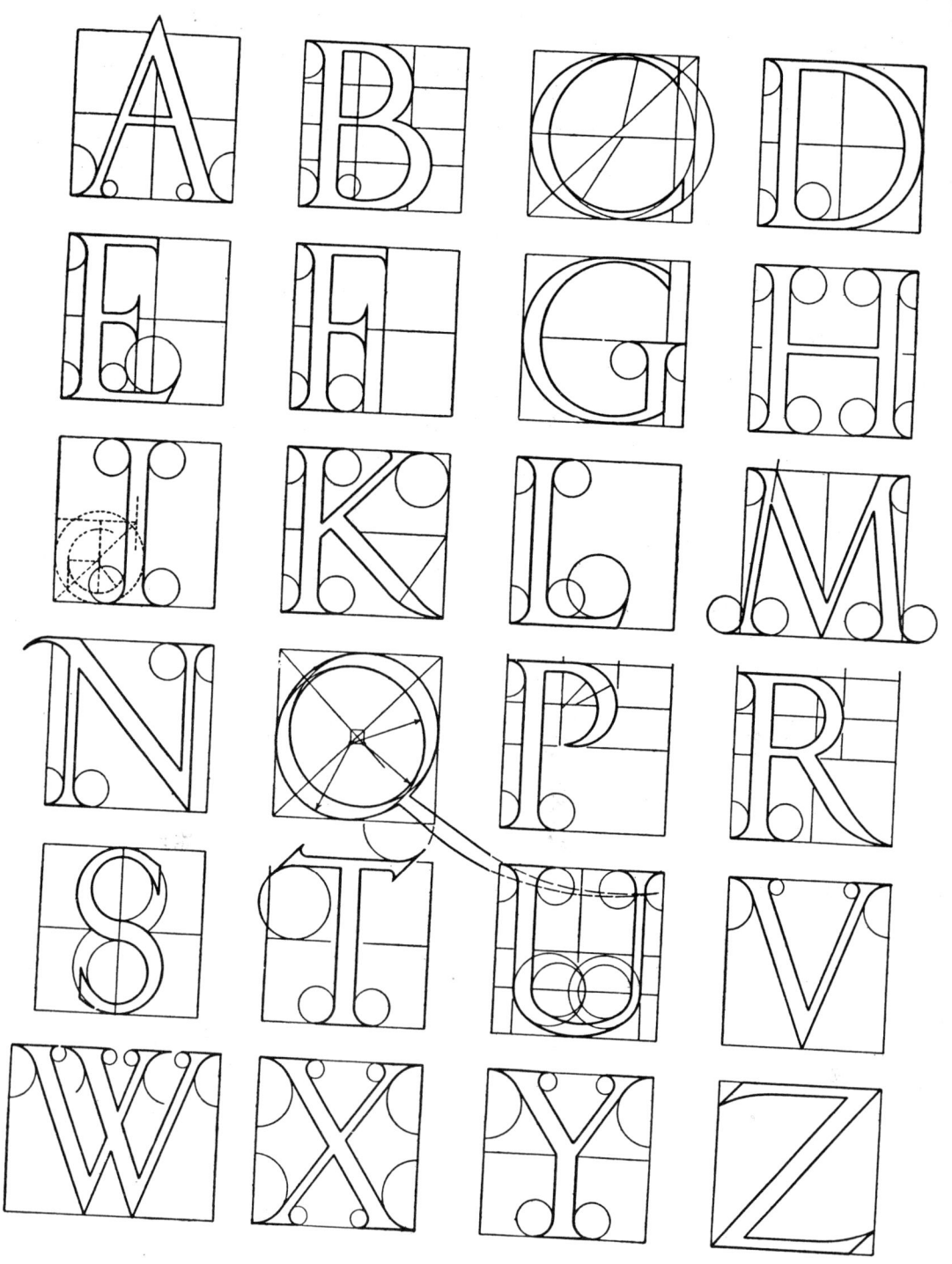

Kurz nach der Erfindung des Buchdrucks mit beweglichen Lettern, etwa um 1510, begannen sich die Künstler für die Kunst der Typografie zu interessieren. Einer von ihnen, Albrecht Dürer, hat uns diese anatomische Untersuchung der Antiqua hinterlassen, die noch heutige Gültigkeit hat. Beachten Sie die Krümmung der Serifen, die mit Kreisen unterschiedlichen Durchmessers gemessen werden. Sie können die Entwicklung dieser Theorie auf den nächsten Seiten verfolgen.

2. Die Anatomie der klassischen Antiqua

Anatomie?

Ja, zweifellos. In der Kunst des Zeichnens wird gelehrt, daß es ohne eine gründliche Kenntnis der Anatomie unmöglich ist, den menschlichen Körper darzustellen. Diese Festellung trifft auch auf die Buchstaben zu. Jeder Buchstabe weist eine große Anzahl unterschiedlicher Formen und Maße auf, die sich wiederholen und untereinander in Beziehung stehen. Alle geometrischen Strukturen lassen einen eigenen Stil erkennen. Das gilt für den menschlichen Körper mit seinen verschiedenen Ausführungen: das Kind, die Frau, der Mann, der Alte, der Mensch von großem oder kleinem Wuchs, der Dicke, der Magere etc. wie für die Buchstaben. Wie der menschliche Körper besitzt auch der Buchstabe einen Prototypen, aus dem sich alle weiteren Arten entwickelt haben: Es handelt sich um den klassischen römischen Buchstaben, die Capitalis monumentalis. Das Studium dieses Buchstabens ist für die Kenntnis und das Verständnis der unterschiedlichen Alphabete, Firmenschilder, Titel und Logotypen unabdingbar.

Ich bitte Sie, sich für die Lektüre der folgenden Zeilen Papier und Bleistift zurechtzulegen und die typografischen Erläuterungen in der Praxis durchzuarbeiten.

Gestatten Sie mir einige zusätzliche Anmerkungen: Jeder Buchstabe wurde in ein Quadrat eingeschlossen, das wiederum von einem Kreuz durchteilt wird. Das Quadrat dient dazu, die jeweiligen Proportionen des Buchstabens und die Lage der Grund-, Auf- und Abstriche zu bestimmen. Beachten Sie, daß die Enden der Striche (unten beim A, an der oberen und der unteren Begrenzung des B etc.) im allgemeinen drei bestimmte Krümmungen aufweisen, die von drei Kreisen unterschiedlichen Durchmessers begrenzt werden. Um die Weite dieser Krümmungen unterscheiden zu können, bezeichnen wir jede mit einem Buchstaben: a ist die größte, b die mittlere und c die kleinste Weite.

Der größeren Klarheit wegen geben wir ebenfalls den Enden der Striche einen Namen. Man bezeichnet sie gewöhnlich als Serifen. In manchen Fällen eignet sich auch die Bezeichnung „Fuß", so zum Beispiel, wenn es sich um die Stelle unten am Buchstaben handelt. Zur besseren Unterscheidung sollte man beim oberen Strich dann von der „oberen Serife" sprechen.

Die Reihenfolge der Buchstaben in dieser Untersuchung entspricht nicht dem Alphabet. Lassen Sie sich dadurch nicht beirren. Sie werden später selbst feststellen, daß es aus Gründen der Analyse hier angezeigter ist, die Buchstaben entsprechend ihrer Anatomie oder Form zu ordnen. Zwischen den Buchstaben B, P und R herrscht eine gewisse Ähnlichkeit, ebenso zwischen dem C und dem G, dem E und dem F etc.

Hier also der Buchstabe A des klassischen römischen Alphabets. Beachten Sie seine Hauptmerkmale: die Breite des Buchstabens einschließlich der Serifen entspricht seiner Höhe; die Spitze des A ragt über den Rahmen hinaus. Der Buchstabe ist einen Millimeter höher als das B, E und F. Er kompensiert auf diese Weise eine gewisse optische Täuschung, von der bei der Untersuchung der

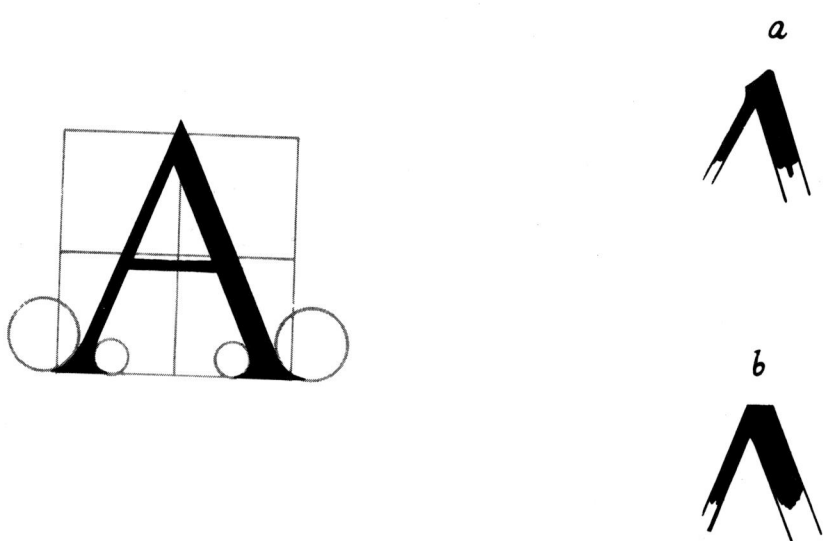

Buchstaben C, G und O noch die Rede sein wird. Neben dem klassischen Verfahren gibt es zwei weitere Möglichkeiten den oberen Winkel des A zu zeichnen: 1. mit einem abgeschnittenen Winkel, der dann eine kleine Kerbe aufweist. Gewisse klassische Schriften, so die Caslon und die Granjan zeigen diese Besonderheit (a); 2. mit abgeflachter Spitze wie bei den Schriften Bembo, Garamond von Deberny und Peignot, Perpetua (b) etc. Beachten Sie schließlich den leicht nach unten verlagerten Querstrich des A und die sehr spezielle Form der Serifen.

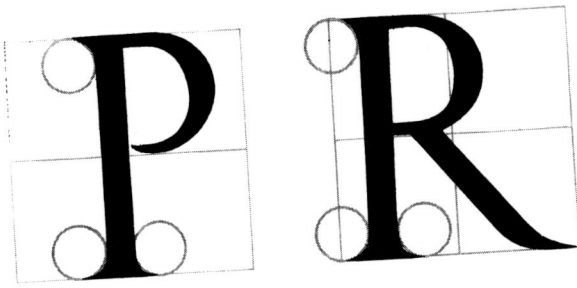

Die Buchstaben B, P und R besitzen ein gemeinsames Merkmal: den Halbkreis im oberen Teil. Beachten Sie seine Form und die weiße Fläche im Innern. Man bezeichnet sie als „Punze" des Buchstabens. Die Dicke und die Krümmung des Striches sind bei allen drei Buchstaben gleich. Dies ist ein wichtiger Punkt, den Sie beim Zeichnen eines Schildes, eines Titels oder einer Logotype berücksichtigen müssen.

Die Schriftzeichen des Alphabets unterscheiden sich durch die serienweise Wiederholung gewisser Formen.

Diese Wiederholungen gilt es zu beachten und zu berücksichtigen und bis zum Überdruß zu kopieren . . . Studieren Sie die genaue Form dieser Halbkreise, zeichnen Sie sie gleich mit, um „ein Gefühl dafür zu bekommen". Zeichnen Sie das B, P oder R am besten folgendermaßen: Sie skizzieren eine Art E, zeichnen anschließend die Halbkreise in die Quadrate, und beenden die Zeichnung mit einer Retusche.

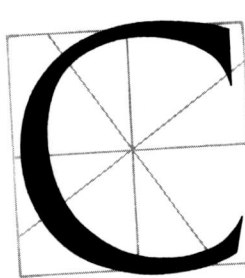

Untersuchen wir nun die Buchstaben C, G, O und Q, die Sie oben abgebildet finden. Sie bilden eine Extragruppe, die drei Gemeinsamkeiten besitzt:
1. Die runde Form, die beim O und Q einem vollständigen Kreisumfang und beim C und G einem Halbkreis entspricht. Beachten Sie, daß die Punze der Buchstaben O und Q oval ist. Der äußere Umriß entspricht einem perfekten Kreis.
2. Die Verteilung der Grund- und Haarstriche ist symmetrisch, die senkrechte Achse ist jedoch nach links geneigt. Das geht aus dem umstehenden Schema deutlich hervor. Dies ist ein charakteristisches Element der klassischen Antiqua.

3. Die Höhe der Buchstaben, besonders die des O und des Q, reicht leicht über die der anderen hinaus. Diese kleinen Unterschiede muß man in allen

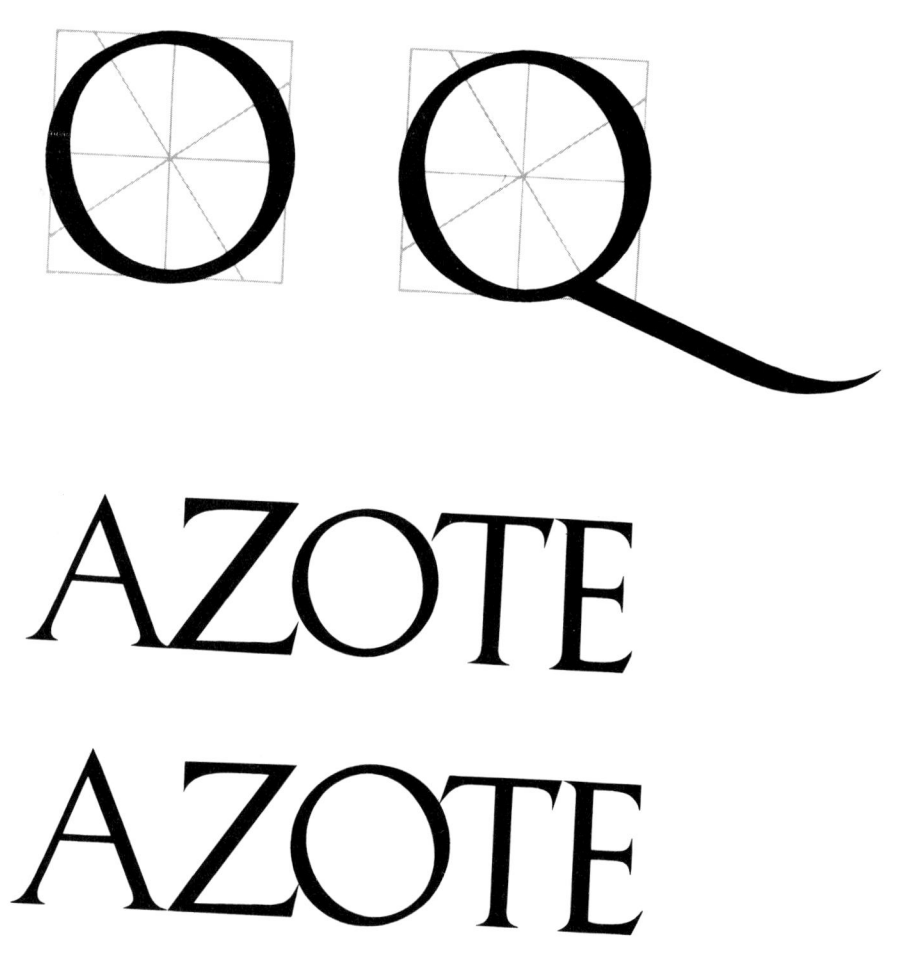

Alphabeten bei Schriftzügen von Titeln und Logotypen berücksichtigen. Damit gleicht man eine optische Täuschung aus, nach der diese Buchstaben niedriger zu sein scheinen. Der Grund dafür ist, daß sie nur einen einzigen Berührungspunkt mit der oberen Begrenzungslinie des Quadrats besitzen. Prüfen Sie zum besseren Verständnis die obige Abbildung, und untersuchen Sie die Buchstabengruppe AZOTE. Im oberen Beispiel haben alle Buchstaben dieselbe Höhe. Trotzdem wirken das A und das O niedriger als die Buchstaben Z, T und E. Im unteren Beispiel wird diese optische Täuschung durch eine leichte Vergrößerung der Höhe der Buchstaben A und O ausgeglichen. Dieses Phänomen wird besonders beim O und Q sichtbar, die eine vollständige Kreisform besitzen. Es ist jedoch ebenfalls beim C und G und in geringerem Maße beim U und bei Buchstaben mit spitzen Winkeln wie dem A, M, N, V und W zu beobachten.

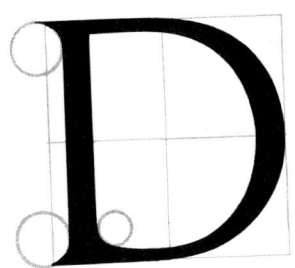

Der Buchstabe D des klassischen römischen Alphabets weist keine Besonderheiten auf, es sei denn seine Breite und die Ausmaße seiner Punze. Beachten Sie, daß die Breite (einschließlich der Serifen) der Höhe entspricht. Der Buchstabe fügt sich völlig in das Quadrat ein. Beachten Sie auch die Form des unteren Winkels a und die Serife, die sich bei anderen Buchstaben wie dem B, E und L wiederholt. Es handelt sich um ein zusätzliches Detail des Charakters und Stils des römischen Buchstabens, den wir hier untersuchen.

Die Buchstaben E, F und L haben wieder eine Gemeinsamkeit: den waagerechten Strich. Beim E und F ist er allerdings etwas kürzer. Der untere Schenkel des L ist mit dem des E identisch. Beachten Sie, auf welcher Höhe sich der Mittelstrich des E und F befindet. Sie erkennen damit eine wesentliche Charakteristik dieser Schriftart:

Die Lage des Mittelstrichs oder der mittleren Teilung der Buchstaben B, E, F, H, K, P, R und X bleibt immer gleich.

Die Buchstaben H, I und J sind sehr einfach. Wir brauchen nichts weiter dazu zu sagen. Beachten Sie, daß die Breite des H einschließlich der Serifen seiner Höhe entspricht.

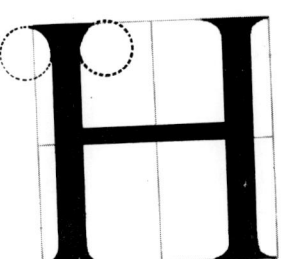 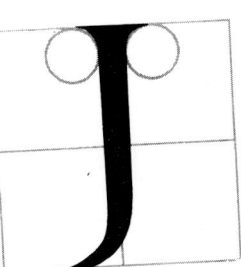 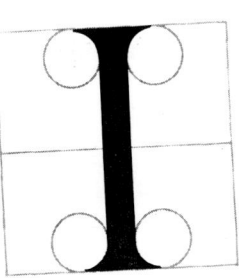

Hier der Buchstabe K. Seine Serifen können naturgemäß nicht dieselbe Form haben wie die des A (besonders nicht die am vorderen, geneigten Schenkel des K). Um die genaue Form jeder Serife zu erhalten, zeichnet man jedesmal einen Kreis in einem bestimmten Durchmesser. Um unsere Ausführungen jedoch nicht zu kompliziert zu machen, haben wir deren Anzahl auf drei gesenkt und überlassen es dem Leser, die notwendigen Korrekturen anzubringen.

M und N: diese beiden hinsichtlich ihrer Winkel ähnlichen Buchstaben überragen notwendigerweise die normale Höhe. Beachten Sie dieses Detail auch vom ästhetischen Standpunkt, insbesondere wenn Sie das N zeichnen.

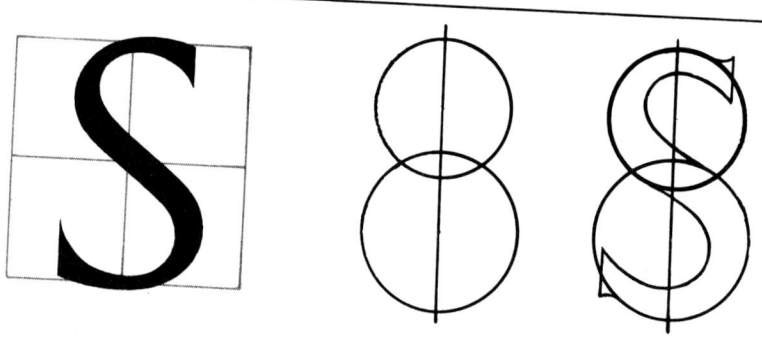

In allen Alphabeten ist das S zweifellos der am wenigsten geometrische Buchstabe. Er folgt am geringsten einer mechanischen Linienführung oder irgendwelchen Standarddimensionen. Deshalb ist er auch am schwierigsten zu zeichnen. Machen Sie es daher wie die Berufszeichner. Versuchen Sie, das S auf zwei

Kreise zu reduzieren, die sich überlappen. Der obere ist etwas kleiner als der untere. Ziehen Sie anschließend eine senkrechte Achse. Dann haben Sie den Aufbau des S auf seine einfachste Ausdrucksform zurückgeführt. Überprüfen Sie diesen anhand des Schemas auf der vorigen Seite.

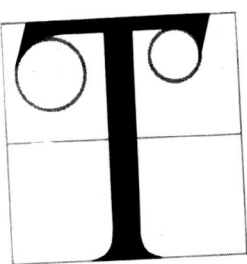 

In den meisten Alphabeten hat das T eine symmetrische Anlage (siehe obiges Schema). Manchmal — und insbesondere in einem Alphabet wie diesem, das die Kunst der Typografie illustrieren soll — besitzt das T in seinem oberen Teil jedoch asymmetrische Serifen mit eigenwilliger Linienführung.

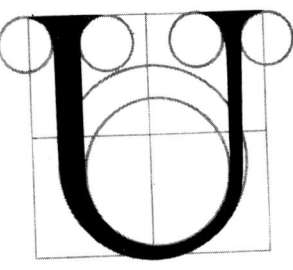

Das U wird auf einem Kreis aufgebaut, der die untere Krümmung bestimmt. Anschließend zeichnet man die seitlichen Schenkel. Der untere Bogen muß den Rahmen unterschreiten, um die optische Täuschung auszugleichen, die den Buchstaben etwas nach oben verlagert.

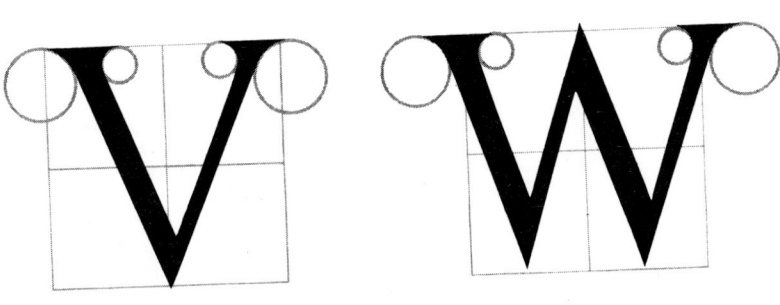

Die formellen Probleme des V und W erinnern an die des M und N. Sie brauchen daher hier nicht näher erläutert zu werden.

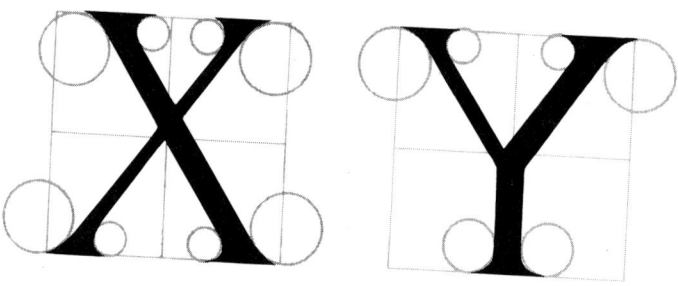

Die beiden Buchstaben X und Y sind absolut symmetrisch. Die Schenkel des X kreuzen sich in Höhe der Unterteilungen des B, E, F etc. Die Schenkel des Y vereinen sich etwas tiefer (Ausnahme, vergleichbar mit dem Querstrich des A).

Und schließlich das Z. Es erfordert einen strikten Aufbau: eine diagonale Neigung des Abstrichs und eine absolute Übereinstimmung der beiden waagerechten Querstriche und ihrer Winkel mit den Diagonalen. Nur der Buchstabe Z besitzt diese Besonderheit.

Das Alternieren der Grund- und Haarstriche

Welchem Gesetz gehorchen die alternierenden Grund- und Haarstriche? Es ist bekannt, daß die Römer mit einer Art Rohrfeder schrieben, deren Spitze abgeschrägt war. Sie übernahm die Rolle der heutigen Feder. Die Linienführung des *calamus* — der römischen Feder — war bei den diagonalen, von links nach rechts aufsteigenden Linien relativ fein, andersherum jedoch wesentlich breiter. Dasselbe gilt für senkrechte und waagerechte Striche. Wie aus

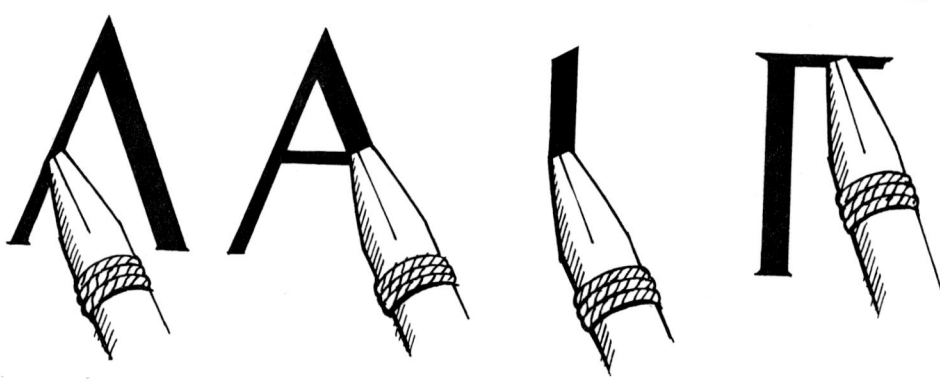

der folgenden schematischen Darstellung hervorgeht, hing die Breite des Striches von der Strichrichtung und der Haltung der „Feder" ab. Ich habe mir dafür selbst einen *calamus* hergestellt und die geläufigsten Linien gezeichnet. Dabei habe ich jedesmal angemerkt, welche logische Strichführung ein Buchstabenzeichner wählen würde.

Praktische Übung

Ich mache Ihnen einen Vorschlag: Stellen Sie ebenfalls eine Rohrfeder her, und zeichnen Sie wie ein römischer Schreiber ein paar Buchstaben. Das ist eine sehr nützliche Übung. Beginnen Sie mit der Herstellung eines *calamus* ähnlich dem meinen. Nehmen Sie dafür ein Stück Binse. Schrägen Sie ein Ende mit einem Messer oder einer Rasierklinge ab; schneiden Sie die Spitze ein, als wollten Sie sie aushöhlen. In Wirklichkeit geht es darum, eine Kerbe zu schaffen, damit sich die Tinte dort absetzen kann. Flachen Sie die Spitze schließlich ab. (Sie sehen die einzelnen Schritte auf der unteren Abbildung.)

Um Ihren *calamus* vollkommen zu machen, können Sie noch einen von einem Faden gehaltenen Keil in die Rohrfeder einfügen. Dadurch fließt die Tinte gleichmäßiger.

Zeichnen Sie nun mit dieser Rohrfeder. Sie erinnert in Form und Strich an die Metallfeder, die speziell zum Zeichnen runder Buchstaben entwickelt wurde (siehe Abbildung).

Zeichnen Sie zunächst einige Striche und anschließend so einfache Buchstaben wie das H, L, E und K . . . Korrigieren Sie die Haltung der Feder, um einen feineren oder breiteren Strich zu erhalten, ohne die Hand oder die Neigung der Feder zu verändern. Zeichnen Sie anschließend kompliziertere Buchstaben: B, R, O, C . . . Nach Beendigung dieser Übung mit dem *calamus* können Sie einen Federhalter mit einer Metallfeder benutzen. Diese sogenannten Rundschriftfedern (Bandzugfedern) sind nach ihrer Breite numeriert. Benutzen Sie zu Beginn für die normale Schrift eine Rundschriftfeder Nr. 3. Was halten Sie davon? Jetzt sind manche Dinge — wie die geneigte Mittelachse in der symmetrischen Linienführung von Buchstaben wie dem O leichter zu verstehen, nicht wahr? Sie können den Aufbau jedes Buchstabens, die Kompleexität des S, die beste Möglichkeit zum Gelingen des B, die Problematik des C etc. auf diese Weise einzeln untersuchen.

Mir hat das Zeichnen mit dem *calamus* Spaß gemacht. Sehen Sie selbst:

Weshalb spricht man so wenig von den römischen Kleinbuchstaben?

Die Frage ist berechtigt. Die Antwort lautet ganz einfach: Die Römer hatten keine kleinen Buchstaben! Wie Ihnen bereits bekannt, besaßen sie eine Art Kursivschrift, die sich nach und nach in die Unziale verwandelte und um 1400 zur Schrift der Humanisten wurde. Erst dann tauchten auch Kleinbuchstaben auf (Humanistische Minuskel). Sie waren das Werk des Grafikers Nicolas Jenson (1470). Es gibt für Kleinbuchstaben also keine klassische Vorlage in der Art der Versalien an der Trajansäule. Als Ersatz für dieses Modell zeigen wir Ihnen hier ein Alphabet, das Russell Lasker für sein Buch „Anatomy of Letters" zeichnete.

aeghijſtz
bonscuty
dmropkw
yfxdnfi&
123456789

Praktische Übung zum Studium der Kleinbuchstaben der Antiqua

Zur Erleichterung des Studiums der Kleinbuchstaben der Antiqua und zur Festigung Ihres Wissens rate ich Ihnen, das Alphabet zu zeichnen und einige Wörter oder Sätze im Stil der Rundschrift zu schreiben. Nehmen Sie dafür ein Blatt Bristolpapier oder satiniertes Cansonpapier ohne Korn, und ziehen Sie zunächst mit einem normalen oder halbweichen (HB oder H) Bleistift eine Reihe von Linien im Abstand von einem Zentimeter. Benutzen Sie eine Rundschriftfeder Nr. 2. Verwenden Sie Chinatusche. Verdünnen Sie diese mit einigen Tropfen destilliertem oder abgekochtem Wasser, um sie flüssiger zu halten. Nachdem Sie die runden Buchstaben ausreichend geübt haben, wechseln Sie zum Alphabet in Garamond, Baskerville und Bodoni.

3. Vergleichende Studie der gebräuchlichen Schriften.

Die Buchdruckerkunst besitzt ihren eigenen Codex: genau definierte Regeln, Gesetze und ein gesondertes Vokabular. Sehen Sie selbst:

Stellen Sie sich vor, Sie befänden sich in der Setzerei einer Druckerei. Sie bitten einen Angestellten um einen Buchstaben und zeichnen ihn auf: er soll klein und länglich sein.

„Verstanden", antwortet der Angestellte. „Eine gerade Schriftart von eher großer Schriftgröße." Und er fügt hinzu: „An welche Gruppe haben Sie gedacht? Diese? Mit oder ohne Serifen? Eine Blockschrift? Oder bevorzugen Sie eine noch engere Schrift?" Glauben Sie jetzt bitte nicht, daß sich der Angestellte über Sie lustig macht. Er benutzt nur sein Fachvokabular, seine alltägliche Fachsprache. In der Setzerei — dem Fachgebiet dieses Mannes — ist ständig von Schriftarten, Schriftgruppen und Schriftgrößen die Rede. Die drei Bezeichnungen sind für die Klassifizierung der unterschiedlichen Buchstaben unerläßlich. In diesem Kapitel soll von den Schriftgruppen und Schriftarten die Rede sein. In einem weiteren beschäftigen wir uns mit den Schriftgrößen.

In der Typografie bedeutet Gruppe die Gesamtheit der Schriftarten, die eine gewisse Ähnlichkeit aufweisen, durch die sie sich von anderen Gruppen unterscheiden.

Schriftart ist der Fachausdruck für die Zeichnung des Buchstabens. Die Typografie unterscheidet für die deutsche Sprache zehn Gruppen (nach DIN 16518):

1. Venezianische Renaissance-Antiqua
2. Französische Renaissance-Antiqua
3. Barock-Antiqua
4. Klassizistische Antiqua
5. Serifenbetonte Linear-Antiqua
6. Serifenlose Linear-Antiqua
7. Antiqua-Varianten
8. Schreibschriften
9. Handschriftliche Antiqua
10. Gebrochene Schriften

Im folgenden geben wir Ihnen eine analytische Untersuchung der Hauptschriftarten, aus denen sich jede Schriftengruppe zusammensetzt.

1. Venezianische Renaissance-Antiqua

Sie ist aus der humanistischen Minuskel hervorgegangen. Die Strichstärke ist ziemlich gleich. Die Achse der Rundungen ist nach links geneigt.

Trajanus, Stempel

Aus klassischer Tradition

2. Französische Renaissance-Antiqua

Sie weist größere Unterschiede in der Strichstärke auf. Der Querstrich des kleinen e liegt waagerecht. In Deutschland ist nur die Garamond bekannt (siehe Abbildung der gegenüberliegenden Seite).

Garamond-Antiqua, Stempel

Die Entstehung der Schrift

3. Barock-Antiqua

Die Schrift weist noch stärkere Unterschiede in der Strichstärke auf. Die Achse der Rundungen ist fast senkrecht. Die Serifen der Gemeinen sind kaum ausgerundet und oben schräg und unten gerade angesetzt. Zu dieser Gruppe gehören 1. die Schriften Jensons und Caslons sowie 2. die Schriften Baskervilles.

Janson-Antiqua, Stempel

Tilman Riemenschneider

Baskerville-Antiqua, Stempel

Entstehung der Schrift

4. Klassizistische Antiqua

Sie bildet einen gewissen Endpunkt in der Entwicklung der abendländischen Schriftformen. Die Serifen sitzen waagerecht, die Achse der Rundungen steht senkrecht. Haar- und Grundstrich unterscheiden sich kräftig.
Beachten Sie die unterschiedlichen Fettgrade zwischen der älteren römischen Schrift, der Garamond, und der Baskerville von Moore, erkennen Sie in letzterer bereits den Vorläufer der neuen klassizistischen Antiqua.
Vergleichen Sie auch die unterschiedlichen Serifen und die formellen Unterschiede der Buchstaben M und P. Analysieren Sie die Kontraste bei den Kleinbuchstaben der Garamond und der Baskerville und die Unzulänglichkeiten bei den Ziffern 1, 7 und 0.

abcdefg hijkl r   Garamond

abcdefg jkl r   Baskerville

ABCDEF   Ält. Antiqua

ABCDEF   Garamond

ABCDEF   Baskerville

MPQ   Ält. Antiqua

MPQ   Baskerville

1 7 0   Garamond

Das ist erst der Anfang. In den folgenden Jahren unterstreichen die Schriften des Italieners Bodoni und des Franzosen Didot diese Unterschiede. 1870 weichen die englischen Grafiker in Sheffield noch stärker von der klassischen römischen Schrift ab und schaffen die Modern, Nr. 20. 1820 entwickelt die Gießerei Thorowgood schließlich einen sogenannten „Elefanten"-Buchstaben, der bis dahin unbekannt war. Er ist mit unserem heutigen extrafetten Schriftgrad zu vergleichen. Von da ab bildet die klassizistische Antiqua eine Gruppe für sich. Dazu zählen auch die „Normandie" der italienischen Gießerei Nebiolo (1946) und die „Romaine Pistilli" der Gießerei Visual Graphics Corporation (1965). Beide Buchstaben sind außerordentlich plastisch.

Hier einige Buchstabenmuster der Schriften Modern, Nr. 20, Thorowgood, Normandie und Romaine Pistilli, die die Entwicklung der klassizistischen Antiqua aufzeigen.

Modern, Nr. 20

ABCDEFG

Thorowgood

ABCDEFG

Normandie

ABCDEF

Pistilli

ABCDEFG

Modern, Nr. 20

abcdefg

Pistilli

abcdefg

Es ist Ihnen gewiß bekannt, daß sich die Kunst der 50er und 60er Jahre der Vergangenheit zuwandte. Die Malerei wurde wieder figurativ, die Architektur stellte sich selbst in Frage. Auf dem Gebiet der angewandten Kunst und der Werbung kam der Stil zu Beginn dieses Jahrhunderts wieder in Mode. In der Buchkunst schuf man Einbände nach Vorlagen der Renaissance. Die Verleger brachten Luxusausgaben und hochaktuelle Werke in einer 500 Jahre alten Antiqua heraus, nämlich in Bembo und Garamond.

Neue Interpretationen des klassischen römischen Buchstabens

Die Buchstabengießereien schlossen sich diesem Trend an. Aus kommerziellen Gründen schufen sie neue Versionen der Renaissance Antiqua: die Vendôme (1952), die Antiqua Margaret (1963) und die Antiqua Sabon (1967). Unten finden Sie einige Beispiele dieser Schriftarten.

ABCD abc **Garamond**

ABCD abc **Vendôme**

ABCD abc **Antiqua Margaret**

ABCD abc **Antiqua Sabon**

41

5. Serifenbetonte Linear-Antiqua

Die ersten Schriftarten dieser Gruppe tauchen um 1820 auf. Zweifellos handelt es sich um eine Reaktion auf die neuen „Elefanten-Buchstaben" (wie die von Thorowgood), die damals in Mode sind. In dieser Gruppe sind mehrere Formen vereint: 1. die sogenannte Egyptienne; 2. die Schöpfungen der Clarendon-Charakter; 3. die robusten Zeitungsschriften wie die Candia und die Excelsior sowie einige neuere Schriften.

Die Gruppe der serifenbetonten Linear-Antiqua weist zwei präzise Merkmale auf: die rechteckige Form der Serifen und die Strichstärke, die ausgeprägter und einheitlicher ist als die der Renaissance und der klassizistischen Antiqua. Die Clarendon ist ausgesprochen aktuell. Sie wird gern für den Fotosatz verwendet.

Hier einige Beispiele für die serifenbetonte Linear-Antiqua. Sie besitzt die folgenden Merkmale: eckige Serifen und extrafette senkrechte Striche.

Aab
abcdefghi
ABCDEFGH

ABCDEFGHIJKLM
abcdefghijklmnñop

Eine Variante der serifenbetonten Linear-Antiqua: die Italienne

Hierbei handelt es sich um eine sehr enge Schrift, die mal als Coloniale, mal als Italienne bezeichnet wird. Dickere Senkrechte als Waagerechte sind ihr Hauptmerkmal. Sie bilden nur eine kleine Gruppe, deren harmonische Buchstaben besonders für bestimmte Buchtitel geeignet sind. Die nachfolgende Abbildung zeigt die „Playbill" aus der Untergruppe der Italienne.

ABCDEFGHIJ
abcdefghijklmnopqrst

6. Serifenlose Antiqua

Die ältere Bezeichnung für diese Schriftgruppe ist Groteskschrift; der Laie bezeichnet sie gewöhnlich als Blockschrift. Sie umfaßt eine sehr große Schriftgruppe mit zahlreichen Varianten: rund, kursiv, breit, mager, eng, halbfett, fett und extrafett. Diese Variationsbreite ist eines der Hauptmerkmale der heutigen Groteskschrift.

Die erste Schriftart dieser Gruppe taucht 1816 auf. In der Praxis findet diese Schrift jedoch erst mit der Entwicklung der berühmten Futura von 1935 weite Verbreitung. Gezeichnet wurde sie von dem Graveur Paul Renner. Die Schriftart wird noch heute stark verwendet. Zahlreiche Varianten der serifenlosen Linear-Antiqua leiten sich von ihr ab. Die heutigen Schriften weisen alle geforderten Qualitätsmerkmale eines Buchstabens auf. Es fällt schwer, eine Schriftart speziell hervorzuheben.

Nennen wir hier trotzdem die Folio, die Futura Haas (oder Helvetica bzw. Akzident, die ihr völlig gleichen) und die Univers. Sie sind die bekanntesten dieser Schriftgruppe. Die engen serifenlosen Arten finden am meisten Verwendung.

Kursiv, fett	**UNIVERS**
Gerade, fett	**UNIVERS**
Kursiv, halbfett	*UNIVERS*
Gerade, halbfett	**UNIVERS**
Kursiv	*UNIVERS*
Gerade	UNIVERS
Kursiv, mager	*UNIVERS*
Gerade, mager	UNIVERS
Gerade, extrafett	**Univers**
Gerade, halbfett	**Univers**
Gerade	Univers
Gerade, mager	Univers

Auf dieser Seite sehen Sie eine Auswahl der Schriftarten der Gruppe der serifenlosen Linear-Antiqua sowie eine interessante Zusammenstellung der Varianten der Familie der Univers (42 Punkt) als Gemeine und Kursive. (Die breiten, engen sowie kursiven Versionen der nebenstehend abgebildeten vier Muster der Kleinbuchstaben fehlen also.)

ABCab	FUTURA
AB ab	VENUS
AB ab	FOLIO
ABCab	UNIVERS
ABCD ab	GROTESK

FUTURA

ABCDEFGHIJKLMNOPQRSTUVWXYZ &?!();:-,
abcdefghijklmnopqrstuvwxyz 1234567890

VENUS

ABCDEFGHIJKLMNOPQRSTUV
WXYZ&?!;   1234567890£$
abcdefghijklmnopqrstuvwxyz

FOLIO

ABCDEFGHIJKLMNOPQQRRST
UVWXYZ   1234567890
abcdefghijklmnopqrstuvwxyz

UNIVERS

ABCDEFGHIJKLMNOPQRSTUVWXYZ
abcdefghijklmnopqrstuvwxyz 1234567890

GROTESK

ABCDEFGHIJKLMNOPQRSTUVWXYZ&?!;£$
abcdefghijklmnopqrstuvwxyz1234567890

7. Antiqua-Varianten

Diese Gruppe erweist sich als ausgesprochener Sammeltopf. Sie umfaßt nicht nur die Unziale, sondern alle Neuschöpfungen der Schriftkünstler, die einmalig sind und keinen handschriftlichen Charakter aufweisen.

Hammer-Unziale, Stempel

Von den vielen Welten,

Delphin, Weber

Zehntausend Meilen sind verloren

8. Schreibschriften

Die Schreibschrift ist wie die Fraktur ein Relikt aus der Vergangenheit. Der englische König Georg IV. bestellte um 1790 beim französischen Buchstabengießer Firmin Didot einen Schreibschriftbuchstaben, „der die englische Schrift nachahmt, die wir so gut in Buckingham zeichnen". Die Schreibschrift in unserer Zusammenstellung im zweiten Teil dieses Buches weist ausgesprochen harmonische Konturen auf. Zur Gruppe der Schreibschriften gehört auch die Spitzfeder Kurrent, die wohl nur durch ihre Korrektheit besticht. Schreibschriften sind heute wieder in jeder Setzerei zu finden.

ABCabcdefghijklmn

9. Handschriftliche Antiqua

Als handschriftliche Antiqua werden die Schriften bezeichnet, die — von der Antiqua ausgehend — das Alphabet in einer persönlichen Weise handschriftlich abwandeln (z.B. Time-Script, Weber).

Time-Script, Weber

Polstermöbel Bendin

10. Gebrochene Schriften

Sie gliedern sich in fünf Untergruppen: Gotisch, Rundgotisch, Schwabacher, Fraktur und Fraktur-Varianten.

Gebrochene Schriften werden heutzutage fast nur noch für die Anfertigung von Diplomen und Urkunden oder Schriftsätzen historischen Inhalts verwendet. Wir brauchen sie daher nicht im einzelnen zu analysieren. Müssen Sie sie einmal verwenden, raten wir Ihnen, eine klare, leicht lesbare Schriftart wie die Manuskript-Fraktur oder die „Alte-Schwabacher" zu wählen.

Schwabacher, Stempel

Holzschnitte von Dürer

Und zum Schluß: Initialen und Zierbuchstaben

Die Verzierung der Buchstaben nahm in der ersten Hälfte des 19. Jahrhunderts mit der Erfindung der industriellen Lithografie einen großen Aufschwung. Die Verleger sahen sich gezwungen, auf die zahlreichen Möglichkeiten zurückzugreifen, die ihnen die neuen Drucktechniken boten.

Zierbuchstaben gab es jedoch seit Jahrhunderten. Es handelte sich um Initalen aus der Zeit der Unziale, der karolingischen Schrift und der Fraktur sowie um Großbuchstaben aus der Renaissance. Unten finden Sie einige Beispiele der alten Caslon und Zierbuchstaben, die heute Verwendung finden.

Zierbuchstabe

Deberny Peignot

Romantique Nr. 5

Fonderie Typographique Française

Pamela

Masquerade

Martin Wait

4. Die Schrift als Kommunikationsmittel

„Wichtig ist nicht, was man sagt, sondern die Art und Weise, wie man es sagt." Ich glaube, dieser Satz ist von Cicero. Vielleicht haben Sie den nordamerikanischen Philosophen und Soziologen Marshall McLuhan gelesen. Er entwickelte Ciceros Gedanken weiter und stellte fest, daß ein in der Presse veröffentlichtes Ereignis — ein Unfall, eine politische Rede, ein sportlicher Wettbewerb — sich völlig verändert, wenn es im Radio oder Fernsehen gesendet wird. Als Beispiel sei hier der Mord an Lee Oswald (Mörder von Präsident Kennedy) erwähnt, den Millionen von Amerikanern live im Fernsehen sahen und dadurch direkt miterlebten. Auf sie hatte der Mord eine andere Wirkung als auf jene, die nur die Aufzeichnung gezeigt bekamen. Für die Europäer, die davon in der Presse lasen, war es noch ein anderes Ereignis.

Der Buchstabe beeinflußt also, was er sagt, durch die Art und Weise, wie er es sagt.

Erste Bedingung dieses Einflusses der Form auf den Inhalt ist die Lesbarkeit.

Ohne gute Lesbarkeit, ohne Schriftzeichen und Linien, die die Lektüre erleichtern und beschleunigen, gibt es weder einen Inhalt noch eine Form von Wert.

Ohne gute Lesbarkeit, ohne Schriftzeichen und Linien, die die Lektüre erleichtern und beschleunigen, gibt es weder einen Inhalt noch eine Form von Wert.

Nein, diese Wiederholung ist kein Druckfehler. Ich möchte auf diese — zugegebenermaßen etwas schwerfällige — Art betonen, wie wichtig die Lesbarkeit ist. Vergessen Sie nie, daß dies die Grundbedingung für die Qualität einer Titelzeile, einer Logotype oder eines Textes ist.

Ich habe dutzendemal Diskussionen zwischen einem Techniker und einem Werbegrafiker beigewohnt:

Techniker: Hören Sie, diese Buchstaben sind aber schwer zu lesen.

Grafiker (Überraschung heuchelnd): Wieso sind sie schwer zu lesen? Gua-da-la-ja-ra. Kann man Guadalajara nicht lesen?

Techniker (mit ironischer Miene): Doch. Aber unter der Voraussetzung, daß man Guadalajara kennt. (Die Stimme wird etwas lauter). Denn bei Ihren verschnörkelten „a" kann man das wirklich nicht erraten.

Grafiker (steht auf, wird beim Sprechen immer aufgeregter, als handle es sich um eine Frage von Leben und Tod): Nichts zu machen. Ich wechsele meine „a" nicht aus.

(Der Techniker verläßt den Raum. Stimmenlärm, Faustschläge auf dem Tisch, ein dumpfer Schlag. Rückkehr des Technikers.)

Techniker (mit entspannter Miene auf der Türschwelle): Hören Sie, der Chef bittet Sie, die „a" auszutauschen und die Buchstaben etwas weiter zu zeichnen.

Grafiker (rauft sich vor Verzweiflung das Haar): Die haben immer das letzte Wort.

(Vorhang)

Faktoren für die Lesbarkeit eines Textes

1. **Zeichnung des Buchstabens (Schriftart und Schriftgrad)**
2. **Abstand zwischen den Buchstaben (Unterschneidung)**
3. **Schriftgröße**
4. **Länge der Zeile**
5. **Abstand der Zeilen (Durchschuß)**
6. **Druckqualität**

1. Zeichnung des Buchstabens: Allgemein ist festzustellen, daß alle Schriftarten, die der Klassizistischen Antiqua ähnlich sind, eine gute Lesbarkeit besitzen.

2. Abstand zwischen den Buchstaben: Ein Titel und eine Inschrift, bei denen sich die Buchstaben überschneiden, ist nicht gut zu lesen (trotz gegenteiliger Meinung gewisser Grafiker, die sich nur um die ästhetische Wirkung kümmern). Auch eine zu weite Schrift bereitet beim Lesen Schwierigkeiten. In diesem Zusammenhang sei darauf hingewiesen, daß die im Bleisatz gesetzten Buchstaben zwangsläufig einen kleinen, gleichmäßigen Abstand besitzen, der manchmal zu einem bedauerlichen Mangel an Einheit führt. Dieser Mangel verschwindet, wenn der Titel vom Grafiker mit Hilfe fotografischer Buchstaben oder Letraset-Buchstaben von Hand angelegt wird. Betrachten Sie zum Beispiel das Wort Valencia, das einmal im Bleisatz und einmal von einem Grafiker gestaltet wurde. Der Grafiker hat praktisch einen Buchstaben an den anderen gefügt. Der waagerechte Schenkel des L wurde verkürzt, das A ist an das V herangerückt. Der Grafiker trennt oder vereint also nach Gutdünken, um sowohl eine gute Lesbarkeit als auch eine gute ästhetische Wirkung zu erzielen.

VALENCIA VALENCIA

3. Größe des Buchstabens: Ein großer Buchstabe ist naturgemäß leichter zu lesen als ein kleiner. Er gibt jedoch eine Schriftgröße, die für die Lektüre besonders geeignet ist: 10 oder 12 Punkt. In diesem Zusammenhang sei darauf hingewiesen, daß die Größe des Buchstabens der Leseerfahrung entsprechen muß. Deshalb sollten Kinderbücher (einschließlich Märchen- und Schulbücher) mindestens mit 12 oder 14 Punkt gesetzt werden. Nachstehend finden Sie ein Beispiel für die beiden Schriftgrößen:

Univers 12 Punkt

Zwischen der Technik einer Federzeichnung für eine Werbeanzeige von vor zehn Jahren und einer heutigen besteht ein großer Unterschied. Vor zehn Jahren wurde die Zeichnung noch minutiös ausgeführt. Haar- und Grundstriche wechselten sich ab. Heute ist der Strich dagegen breit. Er wird mit Zeichenkohle oder einem Bleistift mit weicher Mine ausgeführt.

Times 14 Punkt

Die Mutter gab Rotkäppchen einen Korb und Wein für die Großmutter und sagte: „Halte dich nirgends auf, und weich vor allem nicht vom Weg ab."
Unterwegs traf Rotkäppchen auf einen Hasen. Es grüßte artig und sagte: „Guten Tag, Hase. Ich gehe zur Großmutter und bringe Kuchen und Wein. Sie ist krank."

4. Länge der Zeile: Eine sehr kurze Zeile, selbst wenn sie gut lesbar ist, und eine sehr lange Zeile aus kleinen Buchstaben ermüden den Leser. Sie erschweren den Übergang von einer Zeile zur nächsten. Bei einem Text mit der Schriftgröße 10 oder 12 Punkt sollte man mindestens 40 und höchstens 70 Buchstaben pro Zeile verwenden. Wird diese Zahl überschritten, kann die Lesbarkeit des Textes erschwert sein.

5. Durchschuß: Der Abstand zwischen den Linien, Durchschuß genannt, hängt von der Zeilenlänge und der Schriftgröße ab. Der Text dieses Buches ist in Times, 10 Punkt mit 11 Punkt Durchschuß, gesetzt. (Im Kapitel über die Typografie erfahren Sie mehr über die Bedeutung des Punktes.)

6. Druckqualität: Ein mangelhafter Druck mit Auslassungen, Fehlern, zuviel oder zuwenig Druckerschwärze kann die Lesbarkeit erheblich beeinträchtigen.

Die Sprache der Buchstaben

Das Thema unserer Untersuchung bleibt weiterhin der Einfluß der Form auf den Inhalt. Ebenso wie die Farben einen Seelenzustand oder Gefühle ausdrücken können — Rot ist ein Synonym für Wärme, Blau für Kälte, Weiß für Reinheit, Schwarz für Dunkelheit —, kann auch der Buchstabe durch seine Form und seinen Schriftgrad einen Gedanken ausdrücken oder den Sinn eines Wortes unterstreichen. Nehmen wir zum Beispiel die Wörter Parfüm und Macht. Sehen wir uns an, ob ihre Bedeutung je nach benutzter Schriftart verstärkt oder abgeschwächt wird.

Exquisites Parfüm

Die Großbuchstaben einer Schriftart wie die halbfette Helvetica verleiht den Worten eine gewisse Kälte und „entsensibilisiert" sie. Diese Schriftart ist absolut nicht für die „semantische" Lesbarkeit der Botschaft geeignet.

Exquisites Parfüm

Ein Buchstabe in der Englischen Schreibschrift im Haarstrich paßt besser zu der Aussage der beiden Wörter.
Untersuchen wir nun ein entgegengesetztes Beispiel:

Außerordentliche Macht

Die Schriftart Times drückt den Gedanken von Macht nur schlecht aus.

Außerordentliche Macht

Buchstaben aus der Gruppe der Groteskschriften sind wesentlich geeigneter. Sie drücken den Begriff „Macht" besser aus. Die höchste Aussagefähigkeit erreicht der Ausdruck, wenn er in Helvetica extra-fett gesetzt wird.

Außerordentliche Macht

Manche Schriftarten haben sozusagen einen weiblichen, andere einen eher männlichen Charakter. Das Wort „Diplom" wird ehrenwerter, wenn es in Fraktur gesetzt ist; und das Wort „Geschichte" scheint „wahrer" in einer älteren Antiqua wie der Garamond, nach Möglichkeit in Versalien. Alle Werbefachleute sind sich darin einig, daß eine in Dialogform abgefaßte Werbeanzeige in der Älteren oder der Klassizistischen Antiqua mit Groß- und Kleinbuchstaben gesetzt werden muß.

„Ich glaubte, meine Wäsche wäre weiß. Aber da hatte ich deine noch nicht gesehen . . ."

Soll dieser Satz jedoch von den Lippen einer Gestalt kommen, soll er also in einer Sprechblase erscheinen, muß sich die Schrift der geistigen Vorstellung des Lesers anpassen, die er sich von solch einem Text macht. Die Buchstaben müssen daher im Comicstil gezeichnet werden.

Es ist schwierig, in jedem Einzelfall die ausdrucksstärkste Schriftart auszuwählen. Es lassen sich jedoch allgemeine Interpretationsnormen aufstellen, die wir in der nachfolgenden Tabelle zusammengefaßt haben.

Die Sprache der Buchstaben

Blockschrift	Eignet sich für Aktuelles, für die Sprache von Wissenschaft und Technik. Ruft den Eindruck von Kraft hervor.
Antiqua	Eignet sich für Klassisches und Traditionelles, für religiöse und künstlerische Themen. Kann eine Vorstellung von Schwäche vermitteln.
Fette Strichstärke	Symbol der Kraft, der Macht, der Energie.
Magere Strichstärke	Symbol der Schwäche, des Weichen, der Eleganz.
Großbuchstaben	Für Titel, Schlagzeilen, Werbung.
Normale Schreibweise	Für Dialoge, laufende Texte, Reden.

Der Schriftzug der Bildwörter

Schreibt man den Begriff „feminin" in einer kalligraphischen Schrift mit schlanken Buchstaben, drückt man schon dadurch den Sinn des Wortes aus. Kündigt man jedoch ein Veranstaltungszentrum mit unterschiedlichen Darbie-

Logotype von Milton Glasser.

tungen (Theater, Kino, Musikrevuen, Ballett etc.) an, indem man wie beim Lincoln Center in New York das I als Bildnis einer Schauspielerin, das C als Leuchtbuchstaben, das O in Form einer Posaune, das N mit Hilfe eines Films und das E als Fernglas darstellt, geht man weit über eine einfache Illustrierung eines Wortes oder Satzes hinaus. Man verwandelt die Buchstaben in Bilder; Buchstabe, Wort und Bild werden eins . . . Auf der folgenden Seite sehen Sie einige weitere Beispiele für Wortbilder.

Die Werbewirksamkeit dieser Titelzeilen veranlaßt uns, die Systematisierung der Wortbilder näher zu untersuchen. Die Wortbilder sollen als Gedächtnisstütze dienen und dafür sorgen, daß ein Wort, eine Firma, eine Marke oder ein Produkt im Gedächtnis haften bleiben.

51

Hier einige Beispiele für die Schriftzüge von Wortbildern: ein Plakat für den Automobilsalon in Genf mit dem Titel „Bewegung", die Logotype der Firma Pirelli mit einem Paar Stiefeln statt zwei L. „Die Reifen von Pirelli geben Sicherheit in der Kurve", verkündet der nachfolgende Text. Rechts verflüssigt das Spülmittel „Alfloc" den Werbetext: „Das neue flüssige Spülmittel reinigt Flaschen besser." Unten erinnert der Titel des Films „The War Game" an eine Atomexplosion.

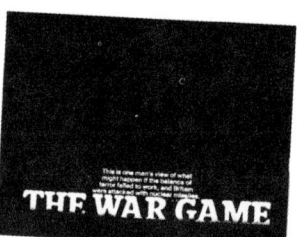

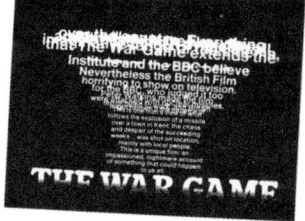

5. Die Logotype: der Schriftzug erzeugt ein geistiges Bild

Eines der Hauptziele von Werbeanzeigen ist es, die Erinnerung an eine Marke im Gedächtnis des Lesers oder Betrachters zu festigen. Im allgemeinen weiß der Werbetreibende sehr wohl, daß er kein unmittelbares Ergebnis erzielt, wenn er Ihnen zum Kauf eines Produktes rät. Sie reagieren jedoch vielleicht auf diese Anregung, wenn Sie ein entsprechendes Produkt benötigen. (Es geht hier nicht darum, ob es sich um ein echtes Bedürfnis handelt oder um ein vom Werbetreibenden erzeugtes.) Natürlich hofft der Auftraggeber, daß Sie sich in diesem Augenblick an sein Produkt erinnern und ihm gegenüber den Mitbewerbern den Vorzug geben. Aus diesem Grunde setzt der Werbefachmann alle ihm zur Verfügung stehenden Mittel ein: die Motivation, die Qualitätsmerkmale, den Charakter. Und einen eigenen, absolut originellen, extra für diese Marke entworfenen Schriftzug mit charakteristischen Buchstaben: die Logotype.

Die Logotype gibt den Namen eines Industrie- oder Handelsunternehmens, eines Produktes oder einer Marke wieder. Ihr Schriftzug ist leicht einprägsam und festigt die Erinnerung an den jeweiligen Namen.

Die Schaffung einer Logotype beruht daher auf drei Faktoren:

1. **Originalität**
2. **Produktentsprechende Aussagekraft**
3. **Leichte Merkfähigkeit**

Der erste Faktor, die Originalität, ist unlösbar mit den beiden weiteren verbunden. Niemand sollte meinen, ein einfacher Druckbuchstabe trage dazu bei, daß ein Name im Gedächtnis haften bleibt. Man muß den vorgegebenen Buchstaben durch Hinzufügung gewisser Einzelheiten etwas verändern und ihm dadurch einen eigenen Charakter verleihen. Die auf der folgenden Seite abgebildete Flasche „Gin Horseman London", deren Etikett aus gewöhnlichen Druckbuchstaben aus der Pistilli Romaine gesetzt wurde, stellt ein schlechtes Beispiel dar. Die einzige Originalität besteht in den unterschiedlichen Schriftgrößen des Wortes Gin und der Firmenbezeichnung. Die Buchstaben weisen jedoch keinerlei typografische Eigenheiten auf. Dies stellt sogar eine gewisse Gefahr dar, denn das auf diese Weise gedruckte Wort „Gin" ist weder als Markenzeichen noch als geistiges Eigentum zu schützen. Es handelt sich um keine Logotype. Eine richtige Logotype muß gewisse typografische Besonderheiten aufweisen, durch die sie klar zu erkennen ist. Die Buchstaben des Schriftzugs Codorniu gehören zur Clarendon Craw. Sie weisen jedoch in den Serifen des C, dem Schwanz des R, dem Punkt des I und der rechten Senkrechten des U gewisse formelle Unterschiede auf, aufgrund derer man sie als Logotype bezeichnen kann.

Das unten abgebildete Wort Aragón besteht ebenfalls aus Druckbuchstaben (Pistilli Romaine). Das O wurde jedoch aus Gründen der Originalität durch eine Sonne und der Akzent durch einen dekorativen Schnörkel ersetzt. Auf diese Weise erhält das Wort eine gewisse Eigenart.

Die Logotype „Codorniu", eine Variante der Schriftart Clarendon Craw, ist unserer Ansicht nach zu unpersönlich. Für das Wort „Aragón" hat der Grafiker die Schriftart Pistilli Romaine benutzt. Er hat allerdings zwei dekorative Elemente hinzugefügt, die das Wort einzigartig machen. Für „Gin Horseman London" hat man versucht, eine Logotype mit der Schriftart Pistilli herzustellen. Der Schriftzug besitzt jedoch keine wesentliche Variante, um ihn individuell zu gestalten.

rotring

MECANORMA

FABRIANO

Hier einige Beispiele für Logotypen

Der Entwicklungsprozeß einer Logotype

Auf den folgenden Seiten wollen wir den Entwicklungsprozeß einer Logotype für einen Sprachkursus mit Schallplatten aufzeigen. Wie die Zeichnung eines Markenzeichens erfordert die Logotype mehrere Arbeitsgänge mit jeweils einigen Tagen Abstand. Diese Zeit ist notwendig zur Entwicklung der Ideen und dient der Kreativität. Wie bei allen schöpferischen Arbeiten darf man auch hier nichts erzwingen, sondern muß mehrmals von vorn beginnen. Nur so erhält man ein zufriedenstellendes Ergebnis. Die Herstellung der Logotype „Dicta" erforderte vier Arbeitsgänge mit zwei bis vier Tagen Abstand, insgesamt rund sechs Stunden.

Erste Phase (hier sind nur die charakteristischen Skizzen aufgeführt): Während der ersten Phase begnügt sich der Grafiker damit, den Namen in Klein- und Großbuchstaben mit dem Bleistift zu skizzieren. Er fügt nichts weiter hinzu als die beiden vergrößerten Punkte des I und des C.

Zweite Phase: Sie umfaßt die Entwürfe A, B und C. Die Absicht, den i-Punkt zu übertreiben, bleibt bestehen. Der Punkt nimmt die Form einer Schallplatte an. Beachten Sie außerdem die wichtige Tatsache, daß der waagerechte Balken des I schon in diesen Entwürfen seine endgültige Form erhält.

Dritte Phase: Sie umfaßt die Entwürfe D, E, F und G. Entwurf D kommt der endgültigen Logotype schon ziemlich nahe, ebenso die Skizze des E, wenn auch in der Kursivform. Nach der Untersuchung des D von Dicta (Ga und Gb) gelingt es dem Grafiker, ihm die Form der endgültigen Logotype zu geben. Im Entwurf F erkennen wir eine zusätzliche Variante, die den legitimen Wunsch beweist, alle Möglichkeiten auszuschöpfen. (Die Entwürfe A bis Gb sind auf Seite 57 abgebildet.)

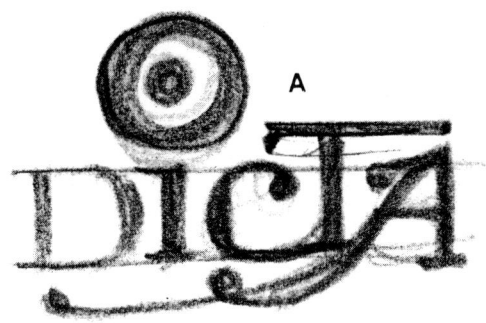

A

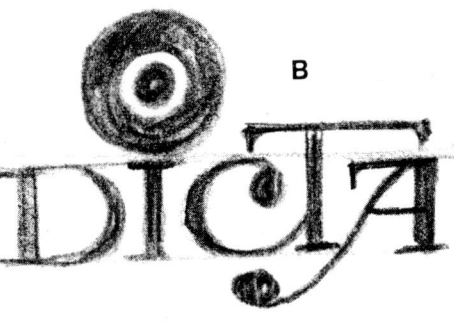

B

C

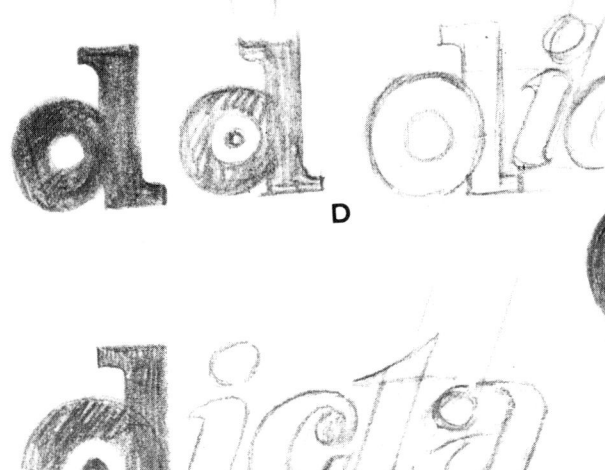

D

F

Ga

E

Gb

Vierte und letzte Phase: Die drei letzten Entwürfe H, I und J stehen in unmittelbarem Zusammenhang mit der endgültigen Logotype. Sie unterscheiden sich nur wenig und zeugen von der Dynamik Juan Santandreus.

Technische Erfordernisse der Logotype

Sobald die Logotype entworfen ist, gilt es, ihren künftigen Verwendungszweck in Rechnung zu stellen. Der Grafiker muß gemeinsam mit den Fachleuten von Werbung und Technik prüfen, ob der Schriftzug positiv oder negativ erscheinen soll; er untersucht ferner die Möglichkeiten einer Vergrößerung oder Verkleinerung und überzeugt sich davon, daß der Druck auf sämtlichen Unterlagen ohne Beeinträchtigung der Lesbarkeit erfolgen kann.

6. Die Praxis der Anfertigung von Schriftzügen heute

Folgende Systeme werden heutzutage (außer der traditionellen Methode der Handzeichnung, die man nur noch für Entwürfe — Maquetten, Vorlagen für Annoncen, Broschüren, Plakate etc. — und zur Schaffung von Logotypen benutzt) für die Herstellung von Titelzeilen verwendet:

1. Das Anreibeverfahren: Dies ist ein weit verbreitetes Verfahren. Dabei werden die einzelnen auf eine Trägerfolie gedruckten Buchstaben direkt auf das Papier übertragen.

2. Bleisatz oder Fotosatz: Hierbei handelt es sich um zwei unterschiedliche Satzsysteme mit Druckbuchstaben. Anschließend erfolgt ein Probedruck auf normalem oder Fotopapier. Der Bleisatz wird heute allerdings nur noch selten verwendet.

3. Fotografische Titelherstellung: Dabei montiert der Grafiker seine Textzeile mit Hilfe von Buchstaben, die er zuvor fotografisch auf die gewünschte Größe gebracht hat.
 Wir wollen diese drei Möglichkeiten jetzt näher untersuchen.

Das Anreibeverfahren

Bei dem selbstklebenden Verfahren von Letraset lassen sich die Buchstaben, Ziffern und Zeichen in unterschiedlichsten Schriftarten und allen Größen auf jedwede Unterlage übertragen. Die Buchstaben befinden sich auf einer transparenten Folie im Format 29 × 38 cm. Jedes Blatt enthält eine bestimmte Anzahl sich wiederholender Groß- und Kleinbuchstaben, Ziffern und Zeichen

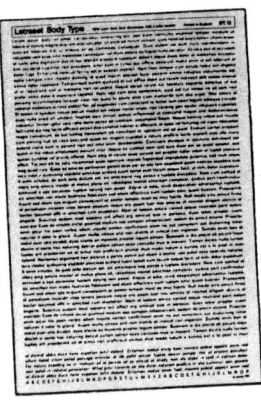

Selbstklebende Letraset-Buchstaben

Letraset Body Type zum Übertragen

Selbstklebende Letraset-Raster

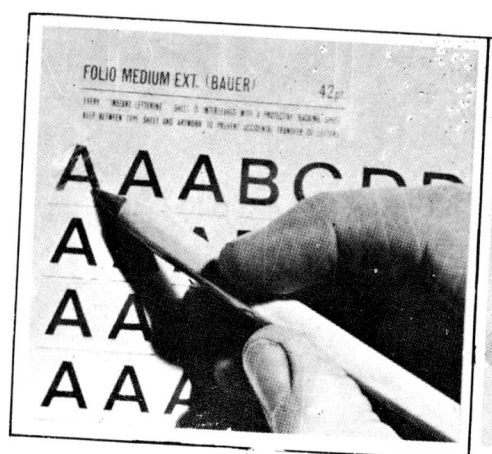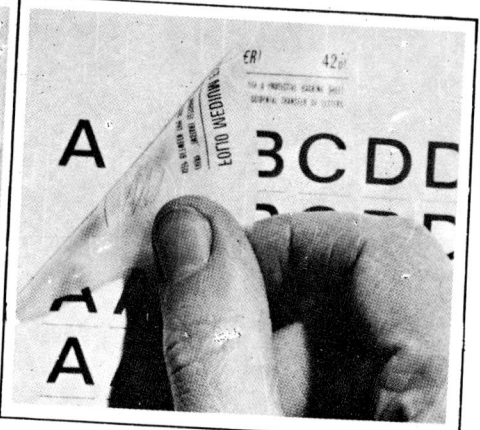

(siehe obige Abbildung), mit denen der Grafiker die gewünschten Wörter oder Sätze anreiben und zusammensetzen kann. Letraset bietet eine erhebliche Anzahl unterschiedlicher Schriftarten und die wichtigsten Zeichen der weltweiten Typografie in allen denkbaren Größen von der gerade zwei Millimeter hohen Sechs-Punkt-Schrift bis zu 84 Punkt an. Bei manchen Schriftarten erreichen die Großbuchstaben sogar 77 mm Höhe.

Die Anwendung der Letraset-Buchstaben:

1. Zeichen Sie zunächst (mit einem hellblauen Stift, falls der Text anschließend reproduziert werden soll) eine Leitlinie, damit Sie die Buchstaben korrekt aneinanderreihen können.

2. Ziehen Sie das Schutzblatt von der Trägerfolie mit den Letraset-Buchstaben, Ziffern und Zeichen ab.

3. Legen Sie die Trägerfolie auf die Leitlinie.

4. Fahren Sie mit der Spitze eines Kugelschreibers über den ersten Buchstaben.

5. Heben Sie die Trägerfolie vorsichtig an, so daß der Buchstabe auf dem Zeichenpapier haften bleibt.

6. Verschieben Sie die Trägerfolie, und reiben Sie einen weiteren Buchstaben neben dem vorigen an. Halten Sie sich dabei genau an die zuvor auf dem Papier gezogene Leitlinie. Nachdem alle Buchstaben oder Zeichen übertragen sind, drückt man mit dem Fingernagel oder dem Ende eines abgerundeten Gegenstandes (zum Beispiel eines Kugelschreibers) flach auf die bedruckte Fläche. Auf diese Weise haften die Buchstaben bzw. Zeichen perfekt auf der Unterlage.

Letraset-Buchstaben und Zeichen gibt es in Schwarz, Weiß, Rot, Blau etc. Man kann die Schrift also auch negativ — das heißt Weiß auf schwarzem oder dunklem Untergrund — anlegen. Die Marke Letraset umfaßt noch weitere Produkte wie Raster, neutrale Strukturen für Muster sowie Farbfolien zum Ausschneiden und Aufkleben. Diese sind für Hintergründe, Bilder etc. gedacht. Letraset liefert auf Bestellung und nach Absprache auch das Markenzeichen oder die Logotype eines Kunden für Titelzeilen und Werbematerial.

Titelzeilen mit fotografierten Buchstaben

Ohne hier irgendwelche Werbung machen zu wollen, ist festzustellen, daß das Letraset-System das praktischste und preiswerteste ist. Besitzt der Künstler zusätzlich zu seinem Atelier ein Fotolabor, hat er darüber hinaus Publikationen abonniert, die regelmäßig alte und neue Alphabete veröffentlichen und möchte er so kreativ wie möglich sein, kann er zur Fotomontage greifen. Bei dieser Technik wird das Alphabet, in dem die Buchstaben mehrmals abgebildet sind, fotografiert. Anschließend stellt man einige Abzüge her und sortiert die Buchstaben. Benutzt werden sie wie folgt:

Man zieht auf dem Zeichenpapier eine hellblaue Linie. Dann schneidet man die Buchstaben aus und klebt sie nebeneinander. Dazu nimmt man am besten einen Klebstoff auf Kautschukbasis. Auf diese Weise erhält man ein Klischee der bereits gesetzten Titelzeile. Hiervon stellt man nun auf Glanzpapier einen positiven Probeabzug her, und zwar gleich in der erforderlichen Größe. Beachten Sie, daß man für den fotografischen Prozeß ein hartes Material benötigt — Kodaklit-Film, Entwickler DK 50, extrahartes Papier für „Federreproduktion".

Titelzeilen und Texte aus Druckbuchstaben

Es gibt zwei Möglichkeiten, gutgedruckte Titelzeilen und Texte zu erhalten: 1. den Satz mit Linotype- und Monotypemaschinen und 2. den Fotosatz. Bei letzterem handelt es sich um ein moderneres Verfahren, das den Bleisatz durch fotografische Techniken auf Klischees oder Positivfilmen ersetzt hat.

Der Druck: allgemeine Hinweise

Der Bleisatz: Bleisatzmaschinen werden heute nicht mehr gebaut. Sie sind inzwischen durch die elektronisch gesteuerten Foto- und Lichtsatzmaschinen abgelöst worden, deren geschlossene Systeme die Texterfassung und Textverarbeitung über die Korrektur bis zur fertig umbrochenen Seite übernehmen. Der Bleisatz sei daher hier nur aus historischen Gründen erwähnt.

Es versteht sich von selbst, daß in den Setzereien mit ihren Abertausenden verschiedener Buchstaben peinliche Ordnung herrschen mußte. Die Buchstaben wurden in den einzelnen Fächern der sogenannten „Setzkästen" aufbewahrt. Deren Einteilung war in Deutschland nach DIN 16502 festgelegt. Die am häufigsten benutzten Buchstaben lagen dem Setzer am nächsten.

DIESE ZEILE BESTEHT AUS GROSSBUCHSTABEN

Die schreibweise mit solchen kleinbuchstaben findet sich bei fremdsprachen.

Die deutsche Sprache kennt die Groß- und Kleinschreibung.

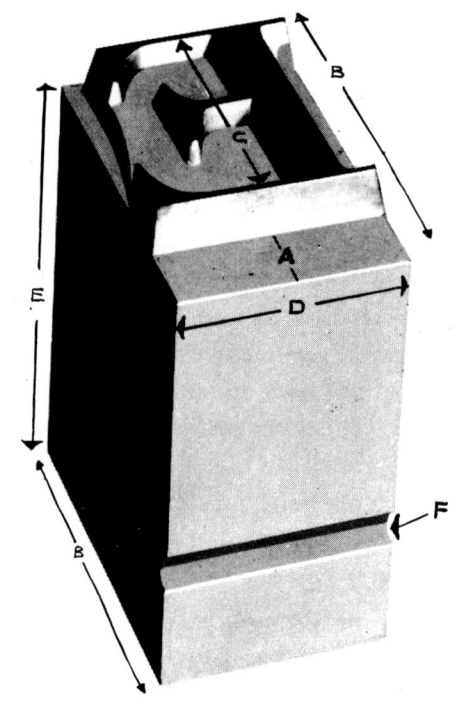

Vergrößerte Fotografie eines Druckbuchstabens mit seinen Hauptbestandteilen: A Achselfläche, B Maß der Schriftgröße, C Höhe der Punze, D Breite, E Höhe, F Signatur (kleiner Einschnitt, mit dessen Hilfe der Setzer durch einfaches Berühren mit Daumen und Zeigefinger die Richtung des Buchstabens feststellen kann).

Bleibuchstaben wurden in Metall gegossen und erhielten die Form kleiner viereckiger Stäbe (siehe obige Abbildung).

Was sind eine Schriftart und ein Schriftgrad?

Entwickelt ein Grafiker eine neue Schrift, erhält sie einen bestimmten Namen. Er bezeichnet ihre Schriftart.

Die große Anzahl der Schriftarten erfordert eine Ordnung, die „Schriftenklassifikation". Zunächst unterscheidet man zwischen der runden und der gebrochenen Schriftform. Der Fachmann bezeichnet diese als Antiqua und Fraktur. Eine heute sehr wichtige Gruppe ist die Serifenlose. Die Schriftenklassifikation nach DIN 16518 umfaßt zehn Gruppen mit jeweils mehreren Familien und Garnituren. Sie werden nach drei Kriterien bemessen, dem Duktus, den Serifen und den Buchstabenrundungen. (Der Duktus ist der Strich, wie er beim Schreiben aus der Feder fließt.)

Die Buchstabengröße wird in Punkt ausgedrückt. Ein Punkt entspricht 0,376 mm. Es gibt Schriften zwischen 6 und 84 Punkt. Das typografische Punktmaß basiert auf dem Zwölfersystem. Ein Cicero umfaßt 12 Punkt.

nkt

immer eine neue Schriftart entsteht, werden die traditionel-
uchstaben des Alphabets neu belebt. Wichtigster Bestand-
ner solchen Neuschöpfung ist daher die Zeichnung des
stabens. Sie setzt ein künstlerisches Projekt in die Tat um. Es
rsteht sich von selbst, daß eine solche Zeichnung nur gelin-
KANN, WENN MAN EINE GRÜNDLICHE KENNTNIS

unkt

n immer eine neue Schriftart entsteht, werden die
tionellen Buchstaben des Alphabets neu belebt. Wich-
htigster Bestandteil einer solchen Neuschöpfung ist
er die Zeichnung des Buchstabens. Sie setzt ein
stlerisches Projekt in die Tat um. Es versteht sich
selbst, daß eine solche Zeichnung nur gelingen
N, WENN MAN EINE GRÜNDLICHE KENNTNIS

Punkt

enn immer eine neue Schriftart entsteht,
erden die traditionellen Buchstaben des
phabets neu belebt. Wichtigster Bestand-
il einer solchen Neuschöpfung ist daher
e Zeichnung des Buchstabens. Sie setzt
N KÜNSTLERISCHES PROJEKT IN DIE
AT UM. ES VERSTEHT SICH VON SELBST,

0 Punkt

Wenn immer eine neue Schriftart ent-
teht, werden die traditionellen Buch-
staben des Alphabets neu belebt.
Wichtigster Bestandteil einer solchen
Neuschöfung ist daher die Zeichnung
DES BUCHSTABENS. SIE SETZT EIN
KÜNSTLERISCHES PROJEKT IN DIE

12 Punkt

Wenn immer eine neue Schriftart entsteht, werden die traditionellen Buchstaben des Al-
PHABETS NEU BELEBT. WICH-
TIGSTER BESTANDTEIL EINER

14 Punkt

Wenn immer eine neue
Schriftart entsteht, werden
DIE TRADITIONELLEN BUC

16 Punkt

Mit Dieselmotoren
MODERNE TECHNIK

20 Punkt

Landwirtschaft
FINANZBULLETIN

24 Punkt

Automobilsalon
KUPFERTIEFDRUCK

28 Punkt

Hauptschule
INSTITUTION

36 Punkt

Edit. Fischer
DEUTSCHLAND

48 Punkt

Hamburg

60 Punkt

Berlin

63

Das Ausmessen der Zeilen erfolgt mit dem Typometer. Das ist ein Spezialmaß mit Unterteilung in Cicero und Punkt.

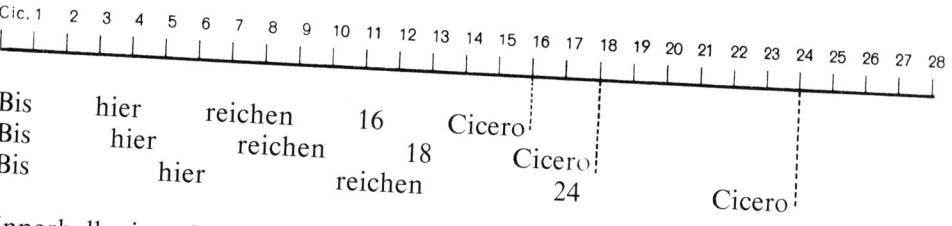

Cic. 1 2 3 4 5 6 7 8 9 10 11 12 13 14 15 16 17 18 19 20 21 22 23 24 25 26 27 28

Bis   hier   reichen   16   Cicero
Bis   hier   reichen   18   Cicero
Bis   hier   reichen   24   Cicero

Innerhalb einer Schriftfamilie existieren mehrere „Garnituren", die wir hier am Beispiel der „Helvetica" darstellen:

Helvetica ultra leicht   Helvetica breithalbfett   Helvetica kursiv halbfett
Helvetica leicht   Helvetica breitfett   Helvetica kursiv fett
Helvetica mager   Helvetica schmalmager   Helvetica Diago...
Helvetica halbfett   Helvetica schmalhalbfett   Helvetica Outline
Helvetica halbfett Cond. 1   Helvetica schmalfett
Helvetica halbfett Cond. 2   Helvetica ultra leicht kursiv
Helvetica fett   Helvetica kursiv leicht
Helvetica breitmager   Helvetica kursiv mager

Beim Bleisatz, um noch einmal einen Blick in die Vergangenheit zu werfen, reihte der Setzer die Buchstaben im Winkelhaken aneinander. Zwischen jedes Wort schob er einen Keil und zwischen jede Zeile eine feine Metallplatte, deren Stärke nach Punkt bemessen wurde. Sie bestimmte den Durchschuß.

Der Durchschuß bestimmt den Abstand zwischen den Zeilen.

Beim Fotosatz übernimmt die elektronische Steuerung diese Aufgabe. Der Durchschuß ermöglicht eine bessere Lesbarkeit langer Zeilen in kleiner Schrift.

Dieser Text wurde ohne Durchschuß gesetzt. Der Raum zwischen den Zeilen ergibt sich aus der Fläche am oberen und unteren Rand der Buchstaben.

Hier haben wir dagegen einen Punkt Durchschuß (früher eine schmale Metallplatte) zwischen die Zeile geschoben. Man sagt, der Text ist mit einem Punkt Durchschuß gesetzt.

In diesem Absatz beträgt der Durchschuß zwei Punkte. Dieser Abstand ist für die Lesbarkeit günstig und daher üblich.

Die Angabe der Schriftgröße und des Durchschusses erfolgt durch Nennung der Punktzahl, gefolgt von einem Schrägstrich mit der Nennung der Schriftgröße plus Durchschuß: zum Beispiel 8/9 (sprich: acht auf neun). Dies bedeutet eine Schriftgröße von acht Punkt mit einem Punkt Durchschuß; 8/10 (acht auf zehn) bedeutet Schriftgröße acht mit zwei Punkt Durchschuß; 10/13 heißt Schriftgröße zehn bei drei Punkt Durchschuß.

Nachdem der Setzer die Textzeile gesetzt hatte, richtete er den Zwischenraum und den Rand mit Hilfe rechteckiger Metallteile aus, Stege genannt. Dadurch bekam er einen kompakten rechteckigen Block, den er mit einem Schließrahmen zusammenhielt. Die Zeile wurde ins Setzschiff eingepaßt und wanderte dann in die Druckmaschine oder in die Probepresse. Der Andruck erfolgte auf Barythpapier. Auch mattgestrichenes Papier eignete sich für den Druck.

Der Fotosatz

Der Fotosatz, dessen Entwicklung den Höhepunkt der Offsetdruckerei bildet, ist ein Verfahren, das auf die klassische Lithografie zurückgeht. Statt einer Metallform aus Buchstaben benutzt man beim Offsetdruck eine glatte Metallplatte von einigen Zehntelmillimeter Stärke, die man mit Hilfe eines Films oder eines Fotoklischees belichtet, auf dem die Bilder, Titel und Texte positiv oder negativ erscheinen. Vor der Entwicklung des Fotosatzes stellte man diese Druckvorlagen — Fotolithos — mit dem traditionellen System der Ätzung her. Die Texte wurden in der Setzerei gesetzt. Anschließend retuschierte man die Druckvorlage und reproduzierte sie fotografisch, um das endgültige Klischee zu erhalten. Der Fotosatz hat die diversen Mängel und Fehler·des traditionellen Bleisatzes beseitigt. Titel und Text werden automatisch gedruckt. Das geht bei älteren Anlagen folgendermaßen: Schreiben auf einer Schreibmaschinentastatur, Erfassen auf Lochstreifen, Ausschließen der Buchstaben und Wörter pro Zeile, Verteilung der Abstände, Wahl der Schriftart und -größe, Durchschuß, Belichtung der Buchstaben auf dem unbelichteten Film, Entwicklung, Fixierung, Reinigung, Trocknung und Weiterleitung an den Endverbraucher vor der fotomechanischen Druckformenherstellung und dem Offset-Druck. Mit Hilfe des Fotosatzes kann man nicht nur Vorlagen auf Film, sondern dank eines sehr ausgefeilten Belichtungssystems auch Papierfahnen herstellen.

Modernste Maschinen zeichnen die Texte unmittelbar auf Magnetbändern oder Disketten auf. Sie sind aufgrund der Mehrfachverwertung preiswerter. Korrekturen sind leichter auszuführen.

7. Wie man einen Titel zeichnet.

Bevor man sich an die Gestaltung von Logotypen wagt, sollte man zunächst das Zeichnen von Titeln erlernen. Diese Kenntnis ermöglicht es einem gleichzeitig, den Titel einer Maquette auszuarbeiten und sogar die Originalzeichnung eines Buchumschlags, die Kopfzeile einer Zeitungsspalte oder die Schrift für ein Plakat anzufertigen. Hier also das dazugehörige Verfahren des professionellen Grafikers:

1. Ziehen Sie mit Hilfe eines weichen Bleistifts 5 oder 6B mit abgeschrägter Spitze auf halbtransparentem Papier (Pauspapier, dünnes Schreibmaschinen- oder Seidenpapier) zwei Hilfslinien, die die Höhe der Buchstaben angeben. Fertigen Sie eine rasche Bleistiftskizze Ihres Titels an.

2. Überarbeiten Sie die Skizze mit Lineal und Winkeldreieck. Achten Sie darauf, daß die Striche und insbesondere Buchstaben wie das C absolut senk- recht verlaufen. Zur besseren Kontrolle zeichnen manche Grafiker zunächst eine waagerechte und ein Reihe von senkrechten Linien.

3. Überarbeiten Sie jeden Buchstaben, und schwärzen Sie ihn, damit Sie die endgültige Wirkung Ihres Titels beurteilen können. Achten Sie auf die korrekte Verteilung der Zwischenräume.

4. Pausen Sie die Buchstaben auf das endgültige Zeichenpapier durch. Dafür malen Sie die Rückseite des Transparentpapiers, auf dem Sie zuvor gezeichnet haben, mit Bleistift schwarz. Schwärzen Sie ohne Übertreibung, und verwischen Sie die Striche mit dem Finger, um den Graphitüberschuß zu entfernen, der Ihr Zeichenpapier verschmutzen könnte. Übertragen Sie die Buchstaben mit einem nicht ganz so weichen Stift HB oder Nr. 2 normaler Qualität.

Überarbeiten Sie den Titel nun mit Chinatusche mit Hilfe einer kleinen Zeichenfeder, Winkeldreieck und Reißfeder oder selbst mit dem Pinsel, falls

AMERICA

der Buchstabe sich dazu anbietet. Anschließend können Sie eventuelle Unsauberkeiten, die Spitzen der Winkel und die Serifen mit Tempera- oder Guaschfarbe und einem feinen Rotmarderpinsel Nr. 2 oder Nr. 4 retuschieren. In großen Werbeagenturen ist es üblich, den Titel zu fotografieren und als Kopie vorzulegen. Auf diese Weise kann man ihn in einem größeren Maßstab zeichnen und leichte Unregelmäßigkeiten bei der Verkleinerung ausschalten.

Sollten Sie eines Tages Berufsgrafiker werden — oder Sie sind es bereits —, haben Sie gewiß nur selten Gelegenheit, Originalzeichnungen von Titeln herzustellen. Ganz sicher müssen Sie sie jedoch entwerfen und vielleicht auch rasch mit dem Bleistift skizzieren, um die Wirkung einer bestimmten Schriftart im Fotosatz zu beurteilen. Und das bedeutet, daß Sie die heute üblichen Buchstaben und Schriftarten genauestens kennen sollten.

Die dafür notwendigen Unterlagen finden Sie im zweiten Teil dieses Buches. Betrachten Sie jeden Tag einige Schriftbilder, damit sie sich Ihnen gut einprägen. Lassen Sie sich dabei Zeit, und haben Sie nach Möglichkeit Papier und Bleistift zur Hand. Auf diese Weise werden Sie zwar kein guter Schriftenmaler — den gibt es nicht mehr —, aber zumindest ein gutinformierter Grafiker, der seinen Weg machen wird.

8. Katalog der Schriften

Zur Vervollständigung der Unterweisung stellen wir Ihnen nun eine Auswahl von Schriften und Schriftarten vor, die heute in der Druckindustrie gebräuchlich sind. Die Schriften — insgesamt 76 — sind nach Schriftgruppen geordnet. Unten finden Sie jeweils den Namen der Schrift, ihre Herkunft und die Gruppenzugehörigkeit.

A B C D
E F G H I
K L M N
O P Q R
S T V
X Y Y Z

ÄLTERE ANTIQUA, GEZEICHNET VON LUDOVICO VICENTINO, VENEDIG, 1523

ABCDEFGH
IJKLMNOP
QRSTUVW
XY&Z

abcdefghijklmno
uvwxyzpqrst
1234567890

GARAMOND (DEBERNY & PEIGNOT)

ABCDEFG
HIJKLMN
OPQRSTU
VWXY&Z

abcdefghijklmnop
qrstu vwxyz

1234567890

GARAMOND, KURSIV (DEBERNY & PEIGNOT)

A B C D E F
G H I J K L
M N O P Q
R S T U V W
X Y & Z

abcdefghij
klmnopqrs
tuvwxyz

£1234567890

CASLON (STEPHENSON BLAKE)

A B C D E F G

H I J K L M N

O P Q R S T U

V W X Y & Z

abcdefghijklmnopq

rstuvwxyz

CASLON, KURSIV (STEPHENSON BLAKE)

73

a b c d e f

g h i j k l m

n o p q r s

t u v w

x y z

PALATINO (AMSTERDAM CONTINENTAL)

ABCDEFG
HIJKLMN
OPQRSTU
VWXY&Z
abcdefghijklm
nopqrstuvwxyz
£1234567890

BASKERVILLE (STEPHENSON BLAKE)

ABCDEFG
HIJKLMN
OPQRSTU
VWXY&Z

abcdefghijk
lmnop
qrstuvwxyz

1234567890

VENDOME (OLIVE BAUER)

ABCDEFG
HIJKLMN
OPQRSTU
VWXY&Z
abcdefghijklm
nopqrstuvwxyz
1234567890

VENDOME, KURSIV (OLIVE BAUER)

ABCDEFGHI
JKLMNOPQR
STUVWXYZ
abcdefghij
klmnopqrst
uvwxyz
1234567890

ANTIQUA SABON (MONOTYPE)

ABCDEFGHIJK
LMNOPQRSTU
VWXYZ
abcdefghijk
lmnopqr
stuvwxyz
1234567890

HAWTHORN (LETRASET)

ABCDEFGHI
JKLMNOPQ
RSTUVW
XYZ
abcdefghijkl
mnopqrstuv
wxyz&&!?
1234567890

PISTILLI (VGC)

80

ABCDEFGH
IJKLMNOP
QRSTUVW
XY&ZŁ

abcdefghi
jklmnopqrs
tuvwxyz
1234567890

FAT FACE (LETRASET, I.T.C.)

ABCDEFG
HIJKLMN
OPQRSTU
VWXY&Z
abcdefghij
klmnopqrs
tuvwxyz12
34567890

NORMANDIE, FETT (NEBIOLO)

ABCDEFH
IJKLMNO
PQRSTUV
WXYZ

abcdefghij
klmmopqr
stuvwxyz

NORMANDIE, OFFEN (NEBIOLO)

ABCDEF
GHIJKLM
NOPQRSTUVW
XYZ

abcdefgh
ijklmnopqrstuvwxyz
1234567890

NORMANDIE (MAGICTYPE)

84

A B C D E F G
H I J K L M N
O P Q R S T U
V W X Y & Z

abcdefghi
jklmnop
qrstuvwxyz
£1234567890

MODERN NR. 20 (STEPHENSON BLAKE)

ABCD
EFG
HIJ
KLMN
OPQR
STU
VW
XY&Z

BODONI (BAUER)

abcdefghijk

lmnopqrstu

vwxyz

12345
67890

BODONI, KLEINBUCHSTABEN (BAUER)

ABCDEFGH
IJKLMNO
PQRSTUVW
XY&Z

abcdefghijklmn
opqrstuvw
xyz
£1234567890

BODONI, KURSIV (BAUER)

ABCDEFGHI
JKLMNOPQ
RSTUVWXY&Z

abcdefghijklmn
opqrstuvwxyz

£1234567890

BODONI, FETT (BAUER)

A B C D E F G H I J K L M N O P Q R S T U V W X Y & Z

abcdefghijkl
mnopqrstuv
wxyz

1234567890

ABCDEFGHIJ
KLMN
OPQRS
TUVWXYZ
abcdefgh
ijklm
nopq
rstuvwxyz

CLARENDON CRAW (AMERICAN TYPEFOUNDERS)

A B C D E F
G H I J K L M
N O P Q R S T
U V W X
Y & Z

a b c d e f g h i j
k l m n o p q r s t
u v w x y z
1 2 3 4 5 6 7 8 9 0

VOLTA, FETT (NEUFVILLE)

ABCDEFGHI
JKLMNO
PQRSTUVW
XYZ&

abcdefghijk
lmnopqrstu
vwxyz

£1234567890

BENTON, EXTRAFETT (LETRASET — BAUER)

ABCDEFGHI
JKLMNOPQ
RSTUVWXY
& Z
abcdefghijklm
nopqrstuvw
xyz
1234567890

EPOQUE, GERADE, FETT (NEUFVILLE)

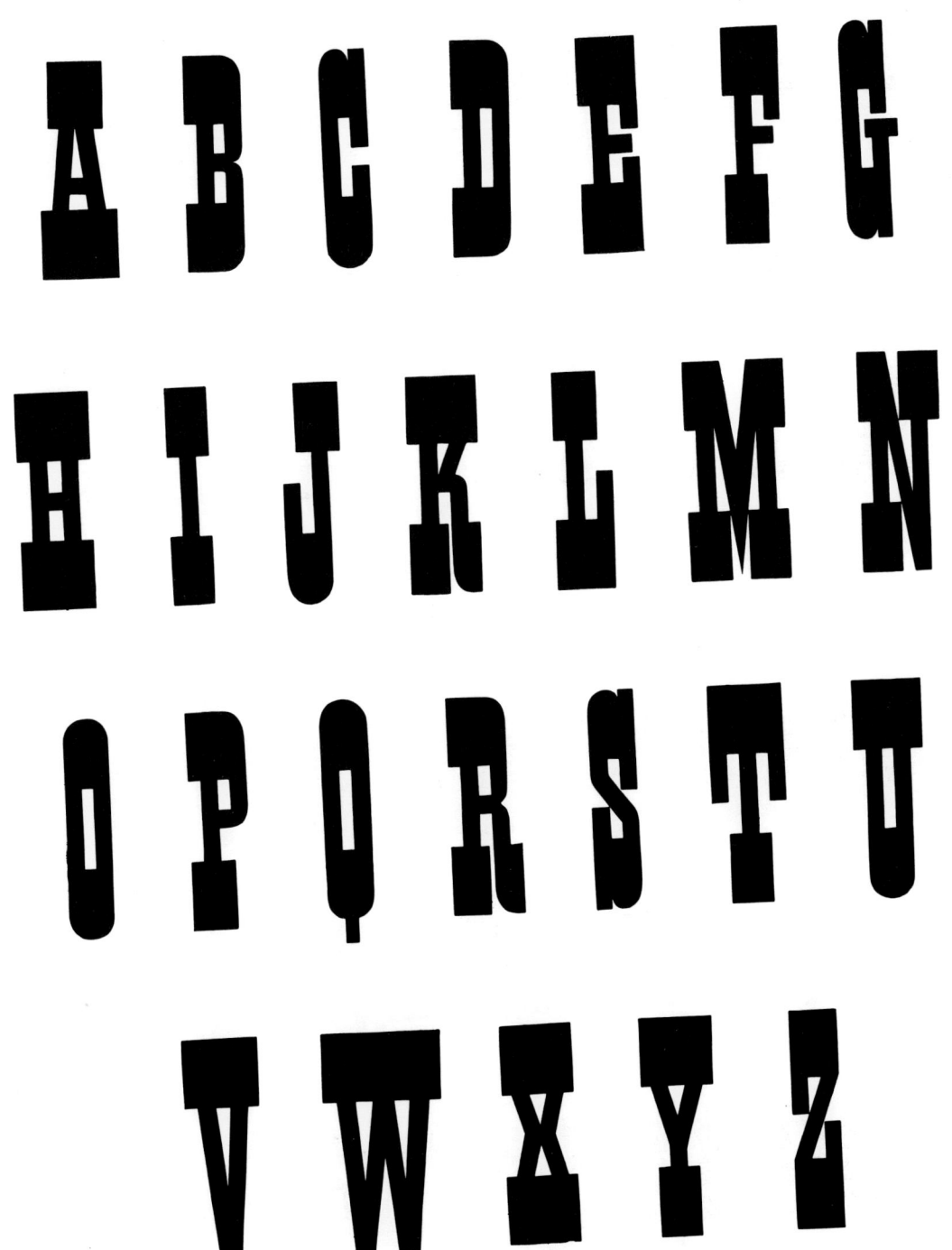

AKADEMIE DER SCHÖNEN KÜNSTE, DEUTSCHLAND

A B C D E F G H I J
K L M N O P Q R S
T U V W X Y & Z

abcdefghijklmnopq
rstuvwxyz

1234567890

PLAYBILL (STEPHENSON BLAKE)

ABCDEFGHI
JKLMNO
PQRSTUVW
XYZ&

abcdefghijkl
mnopqrstuv
wxyz

1234567890

COOPER (LETRASET — A.T.F.)

ABCDEFGHIJK
LMNOPQRSTU
VWXYZ

abcdef ghijklmn
opqrstuvwxyz

1234567890

TYPEWRITER (LETRASET — I.T.C.)

ABCDEFGHIJKL MNOPQRSTUV WXYZ

abcdefg hijklmnopqrstuv wxyz

&

1234567890

UNIVERS   (LETRASET)

ABCDEFGHIJ
KLMNOPQRST
UVWXYZ

abcdefghij
klmnopqr
stuvwxyz

1234567890

HELVETICA, HALBFETT (HAAS)

ABCDEFGH
IJKLMNOP
QRSTUVW
XYZ£
abcdefghij
nopklm
qrstuvwxyz
1234567890

HELVETICA, OFFEN (HAAS)

ABCDEFGH
IJKLMNOPQ
RSTUVWXY
&Z
abcdefghijklmn
opqrstuvwxyz
1234567890

FOLIO, HALBFETT (NEUFVILLE)

ABCDEFGHIJ
KLMNOPQRST
UVWXY&Z

abcdefghijklmnop
qrstuvwxyz
1234567890

FOLIO, SCHMALHALBFETT (NEUFVILLE)

ABCDEFGHIJKL MNOPQRSTUV WXYZ

abcdefghi jklmnopqrstuvw xyz

&

1234567890

FUTURA, HALBFETT, KURSIV (LETRASET)

ABCDEFGHIJKL
MNOPQRSTUV
WXYZ

abcdefg
hijklmnopqrstuv
wxyz

1234567890

AKZIDENZ GROTESK, HALBFETT (LETRASET)

ABCDEFG
HIJKLMNO
PQRSTUV
WXY&Z

12345
67890

COLUMNA (NEUFVILLE)

ABCDEF GHIJK

LMNOPQRST

UVWXYZ

abcdefghijklm

nopqrstuvwxyz

1234567890

OPTIMA (STEMPEL)

ABCDEFGH
IJKLMNOP
QRSTUVW
XYZ
abcdefghijkl
mnopqrstuv
wxyz
123456789

ANTIQUA MARGARETH (VGC)

08

ABCDEFGHIJK

LMNOPQRSTU

VWXYZ

abcde

fghijklmnopqrs

tuvwxyz

&

1234567890

AMERICANA (LETRASET)

A B C D E
F G H I J K
L M N O P Q
R S T U V
W X Y & Z

abcdefghijklmnopq
rstuvwxyz
£1234567890

ENGLISCHE SCHREIBSCHRIFT (STEPHENSON BLAKE)

10

ABCDEFGHIJ

KLMNOPQR

STUVWXYZ

abc

defghijklmnop

qrstuvwxyz

&

1234567890

BRUSH SKRIPT (LETRASET)

ABCDEFGHIJKL MNOPQRSTUV WXYZ

abcdefghijklmn opqrstuvwxyz

1234567890

FLASH (LETRASET)

ABCDEFGHI
JKLMNOPQ
RSTUVWXY
Z

abcdefghijklmnopqr
stuvwxyz
&
1234567890

MURRAY HILL, FETT (LETRASET)

113

ABCDEFG
HIJKLMNO
PQRSTUV
WXYZ

abcdefghijklmn
opqrstuvwxyz
ckchſ&ſiſiſlßtz

FRAKTUR (HAAS'SCHE GIESSEREI)

A B C D E F
G H I J K L
M N O P Q
R S T U V W
X Y & Z

abcdefghijklmnopqrs
tuvwxyz

FRAKTUR (MONOTYPE)

ABCDEFGHI

JKLMNOPQ

RSTUVW

XYZ

abcdefghijklmnop

qrstuvwxyz

&

1234567890

ALTE SCHWABACHER (LETRASET)

ABCDEFGHIJ
KLMNOPQR
STUVWXYZ

abc

defghijklmnopqrs

tuvwxyz

&

1234567890

OLD ENGLISH (LETRASET)

ABCDEFGH
IJKLMNOP
QRSTUVW
XYZ
abcdefghijk
lmnopqrstuv
wxyz
1234567890

CHAILLOT (DEBERNY & PEIGNOT)

ABCDEFGH
IJKLMNOP
QRSTUVW
XYZ
abcdefghijk
lmnopqrstuv
wxyz

BRAGGADOCIO (MONOTYPE)

ABCDEFGHIJK
LMNOPQRSTU
VWXYZ
abcdefghijklmn
opqrstuvwxyz
1234567890

ARNOLD BOCKLIN (LETRASET)

ABCDEFG
HIJKL
MNOPQR
STUVW
XY&Z

1234
567890

SINOLOA (LETRASET — ROSMARIE TISSI)

PICADILLY (LETRASET — CHRISTOPHER MATHEWS)

ABCDEFG
HIJKLMNO
PQRSTUV
WXYZ

abcdefghijk
lmnopqrstu
vwxyz

1234567890O

PIN BALL (LETRASET — ALAN DEMPSEY)

ABCDEFGHI
JKLMNOPQR
RSTUVWXYZ

abcdefghij
klmnopqrst
uvwxyz

1234567890

BROADWAY (LETRASET — A.T.F.)

ABCDEFG
HIJKLMNO
PQuRSTUV
WXY&Z

abcdefghijk
lmnopqrstu
vwxyz

1234567890

OCTOPUSS, SCHATTIERT (LETRASET)

ABCDEFGHIJ
KLMNOPQRS
TUVWXYZ

abcdefghijklmnopqrst
uvwxyz
1234567890

HARLOW (LETRASET)

ABCDEFG
HIJKLMNO
PQRSTUV
WXY&Z

abcdefghijk
lmnopqrstu
vwxyz

1234567890

TANGO (LETRASET)

ABCDE
FGHIJK
LMNOP
QRSTU
VWXYZ

1234
567890

PLASTICA (BERTHOLD)

ABCDEFG
HIJKLMNOPQ
RSTUVWXYZ

abcdefghi
jklmnopqrstu
vwxyz

1234
567890

FINO (LETRASET — GRAPHIC CONCEPT)

129

A AABCDEE
FGHIJKLM
NOPQRRS
STTUVW
XYZ

1234567890

GALLIA (LETRASET)

abcdefghy
klmnopqrs
tuvwxyz

123
4567890

OXFORD (FACE PHOTOSETTING)

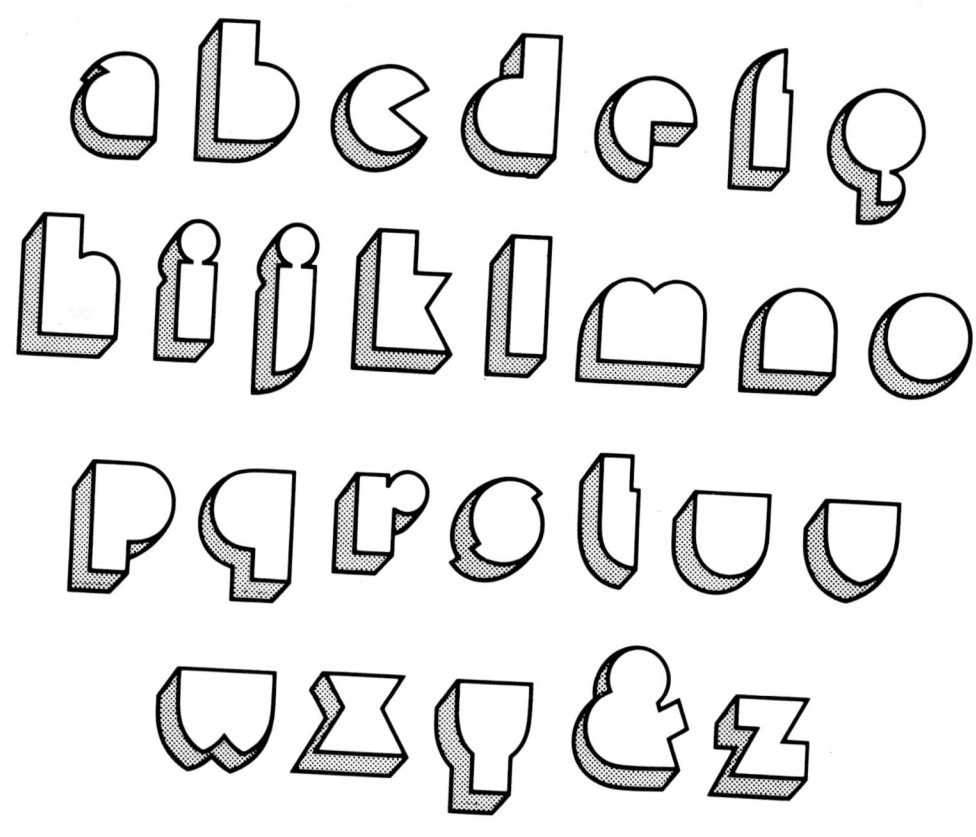

SUN SHINE (LETRASET)

AABCDEEF
GHIJKLMH
OPQRSTT
UVVWXYZ

1234567890

EDDA (LETRASET)

ABCDEFGHIJ
KLMNOPQRS
TUVWXYZabc
defghijklmno
pqrstuvwxyz12
34567890&?!

SHATTER (LETRASET — VIC CARLESS)

ABCDE
FGHIJKLM
NOP
QRSTUV
WXYZ

123
4567890

STRIPES (LETRASET)

135

ABCDEFGHI
IJKLMNOPQR
STUVWXYZ

1234567
890

STOP (NEBIOLO)

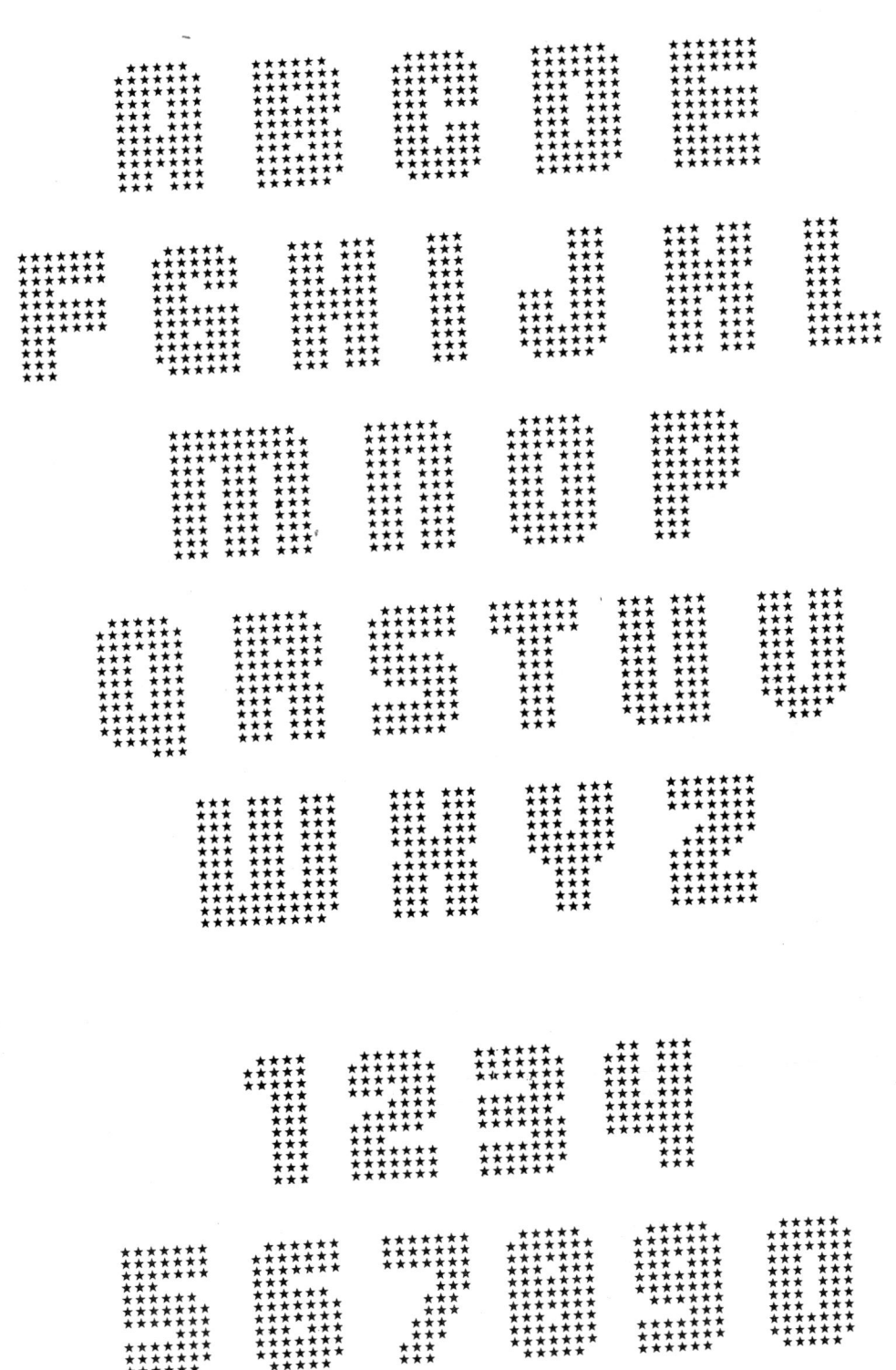

ASTRA
(LETRASET — FRANÇOIS ROBERT UND NATASCHA FALDA)

ABCDEFGHIJK LMNOPQRSTU VWXYZ

abcdefghijklmn opqrstuvwxyz

1234567890

CABARET (LETRASET)

ABCDE
FGHIJKL
MNOP
QR
STUVW
XYZ
123
4567890

BEANS (LETRASET)

ABCDEFG
HIJKL
MNOPQR
STUVW
XYZ

1234
567890

MADELEINE, SCHATTIERT (MECANORMA)

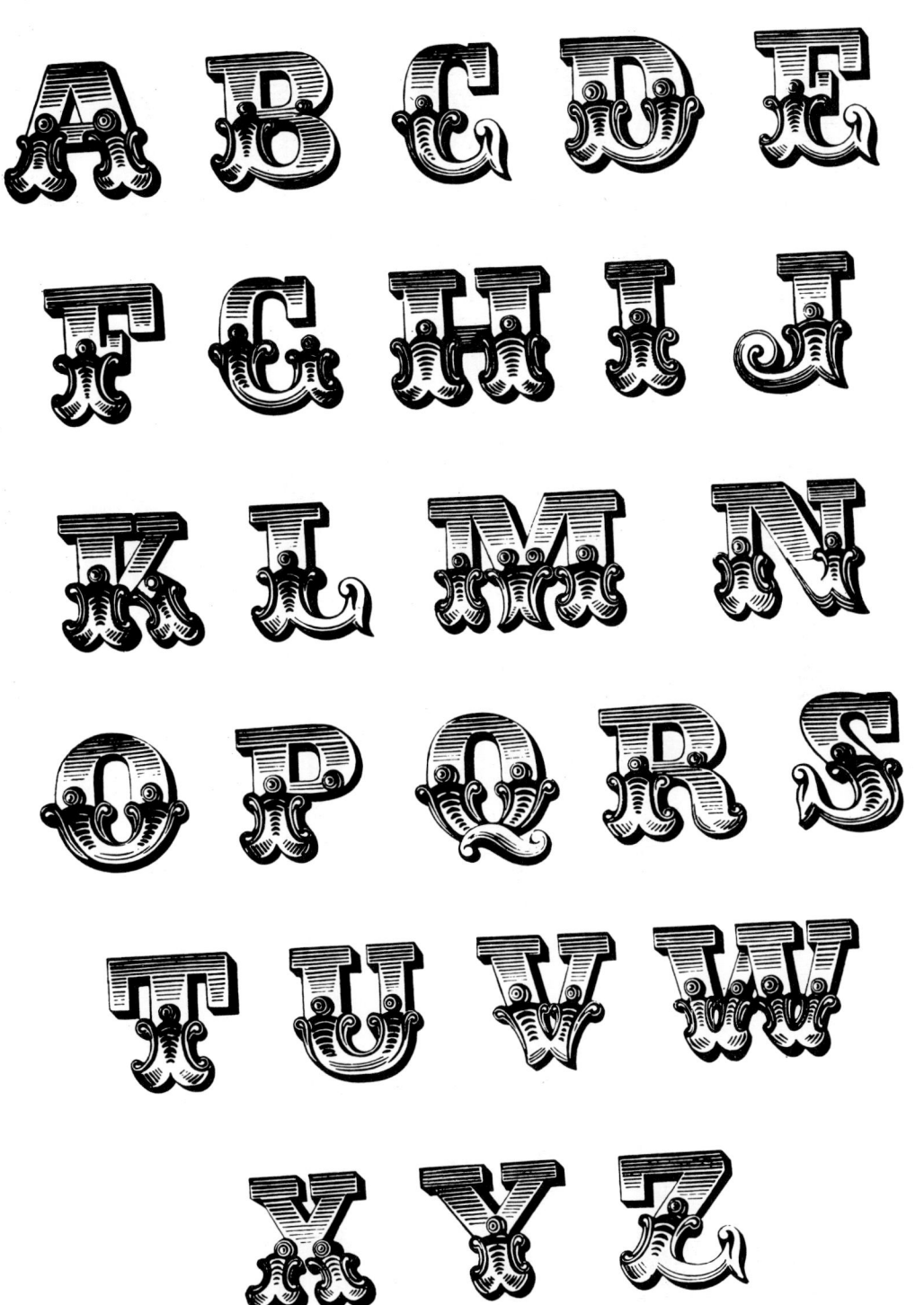

ROMANTICA (ETF)

ABCDE
FGHIJK
LMNOP
QRSTU
VWXYZ

1234
567890

STACK (LETRASET)

ABCDEF
GHIJKLMN
OPQRS
TUV
WXYZ

1234
567890

TANGUI (LETRASET)